# HOW TO TUTOR WORKBOOK

# for

# ADDITION AND SUBTRACTION

I0150596

This practice workbook covers the first part of the Arithmetic section of the instruction textbook How To Tutor.

Specifically it covers the How To Tutor lessons pertaining to Addition, and Subtraction. (There is a second workbook which covers Multiplication, Division, and Fractions)

Answers to test questions are found beginning on page 89 of this workbook.

This workbook was compiled to make your work a little easier. There are three copies of each page. The first copy is for your use when explaining and working with your student. The next two copies are for practice.

Do not let this workbook limit you. These pages are provided only as an incentive to get started. Feel free to make up your own problems – the practice will do student and teacher good.

The Paradigm Co., Inc. 3500 Mountain View Dr. Boise, Idaho 83704

September 2015    alphaphonics@hotmail.com

# These exercises correspond with pages 201 and 202.

| | |
|---|---|
| 1+1= | 1+1= |
| 2+1= | 1+2= |
| 3+1= | 1+3= |
| 4+1= | 1+4= |
| 5+1= | 1+5= |
| 6+1= | 1+6= |
| 7+1= | 1+7= |
| 8+1= | 1+8= |
| 9+1= | 1+9= |

1 + 1 =
1 + 1 + 1 =
1 + 1 + 1 + 1 =
1 + 1 + 1 + 1 + 1 =
1 + 1 + 1 + 1 + 1 + 1 =
1 + 1 + 1 + 1 + 1 + 1 + 1 =
1 + 1 + 1 + 1 + 1 + 1 + 1 + 1 =
1 + 1 + 1 + 1 + 1 + 1 + 1 + 1 + 1 =
1 + 1 + 1 + 1 + 1 + 1 + 1 + 1 + 1 + 1 =

These exercises correspond with pages 201 and 202.

| | |
|---|---|
| 1+1= | 1+1= |
| 2+1= | 1+2= |
| 3+1= | 1+3= |
| 4+1= | 1+4= |
| 5+1= | 1+5= |
| 6+1= | 1+6= |
| 7+1= | 1+7= |
| 8+1= | 1+8= |
| 9+1= | 1+9= |

1 + 1 =
1 + 1 + 1 =
1 + 1 + 1 + 1 =
1 + 1 + 1 + 1 + 1 =
1 + 1 + 1 + 1 + 1 + 1 =
1 + 1 + 1 + 1 + 1 + 1 + 1 =
1 + 1 + 1 + 1 + 1 + 1 + 1 + 1 =
1 + 1 + 1 + 1 + 1 + 1 + 1 + 1 + 1 =
1 + 1 + 1 + 1 + 1 + 1 + 1 + 1 + 1 + 1 =

These exercises correspond with pages 201 and 202.

| | |
|---|---|
| 1+1= | 1+1= |
| 2+1= | 1+2= |
| 3+1= | 1+3= |
| 4+1= | 1+4= |
| 5+1= | 1+5= |
| 6+1= | 1+6= |
| 7+1= | 1+7= |
| 8+1= | 1+8= |
| 9+1= | 1+9= |

1 + 1 =
1 + 1 + 1 =
1 + 1 + 1 + 1 =
1 + 1 + 1 + 1 + 1 =
1 + 1 + 1 + 1 + 1 + 1 =
1 + 1 + 1 + 1 + 1 + 1 + 1 =
1 + 1 + 1 + 1 + 1 + 1 + 1 + 1 =
1 + 1 + 1 + 1 + 1 + 1 + 1 + 1 + 1 =
1 + 1 + 1 + 1 + 1 + 1 + 1 + 1 + 1 + 1 =

These exercises are from page 203 and 204.

1 + 1 =

$$\begin{array}{c}1\\ \underline{1}\end{array}$$

1 + 1 + 1 =
1 + 2 =
2 + 1 =

$$\begin{array}{cc}1 & 2\\ \underline{2} & \underline{1}\end{array}$$

1 + 1 + 1 + 1 =
1 + 3 =
2 + 2 =
3 + 1 =

$$\begin{array}{ccc}1 & 2 & 3\\ \underline{3} & \underline{2} & \underline{1}\end{array}$$

1 + 1 + 1 + 1 + 1 =
1 + 4 =
2 + 3 =
3 + 2 =
4 + 1 =

$$\begin{array}{cccc}1 & 2 & 3 & 4\\ \underline{4} & \underline{3} & \underline{2} & \underline{1}\end{array}$$

1 + 1 + 1 + 1 + 1 + 1 =
1 + 5 =
2 + 4 =
3 + 3 =
4 + 2 =
5 + 1 =

$$\begin{array}{ccccc}1 & 2 & 3 & 4 & 5\\ \underline{5} & \underline{4} & \underline{3} & \underline{2} & \underline{1}\end{array}$$

1 + 1 + 1 + 1 + 1 + 1 + 1 =
1 + 6 =
2 + 5 =
3 + 4 =
4 + 3 =
5 + 2 =
6 + 1 =

$$\begin{array}{cccccc}1 & 2 & 3 & 4 & 5 & 6\\ \underline{6} & \underline{5} & \underline{4} & \underline{3} & \underline{2} & \underline{1}\end{array}$$

These exercises are from page 203 and 204.

1 + 1 =

| |
|---|
| 1 |
| 1 |

1 + 1 + 1 =
1 + 2 =
2 + 1 =

| | |
|---|---|
| 1 | 2 |
| 2 | 1 |

1 + 1 + 1 + 1 =
1 + 3 =
2 + 2 =
3 + 1 =

| | | |
|---|---|---|
| 1 | 2 | 3 |
| 3 | 2 | 1 |

1 + 1 + 1 + 1 + 1 =
1 + 4 =
2 + 3 =
3 + 2 =
4 + 1 =

| | | | |
|---|---|---|---|
| 1 | 2 | 3 | 4 |
| 4 | 3 | 2 | 1 |

1 + 1 + 1 + 1 + 1 + 1 =
1 + 5 =
2 + 4 =
3 + 3 =
4 + 2 =
5 + 1 =

| | | | | |
|---|---|---|---|---|
| 1 | 2 | 3 | 4 | 5 |
| 5 | 4 | 3 | 2 | 1 |

1 + 1 + 1 + 1 + 1 + 1 + 1 =
1 + 6 =
2 + 5 =
3 + 4 =
4 + 3 =
5 + 2 =
6 + 1 =

| | | | | | |
|---|---|---|---|---|---|
| 1 | 2 | 3 | 4 | 5 | 6 |
| 6 | 5 | 4 | 3 | 2 | 1 |

These exercises are from page 203 and 204.

1 + 1 =

| |
|---|
| 1 |
| 1 |

1 + 1 + 1 =
1 + 2 =
2 + 1 =

| | |
|---|---|
| 1 | 2 |
| 2 | 1 |

1 + 1 + 1 + 1 =
1 + 3 =
2 + 2 =
3 + 1 =

| | | |
|---|---|---|
| 1 | 2 | 3 |
| 3 | 2 | 1 |

1 + 1 + 1 + 1 + 1 =
1 + 4 =
2 + 3 =
3 + 2 =
4 + 1 =

| | | | |
|---|---|---|---|
| 1 | 2 | 3 | 4 |
| 4 | 3 | 2 | 1 |

1 + 1 + 1 + 1 + 1 + 1 =
1 + 5 =
2 + 4 =
3 + 3 =
4 + 2 =
5 + 1 =

| | | | | |
|---|---|---|---|---|
| 1 | 2 | 3 | 4 | 5 |
| 5 | 4 | 3 | 2 | 1 |

1 + 1 + 1 + 1 + 1 + 1 + 1 =
1 + 6 =
2 + 5 =
3 + 4 =
4 + 3 =
5 + 2 =
6 + 1 =

| | | | | | |
|---|---|---|---|---|---|
| 1 | 2 | 3 | 4 | 5 | 6 |
| 6 | 5 | 4 | 3 | 2 | 1 |

These exercises are from pages 205 and 206.

1 + 1 + 1 + 1 + 1 + 1 + 1 + 1 =
  1 + 7 =
  2 + 6 =
  3 + 5 =
  4 + 4 =
  5 + 3 =
  6 + 2 =
  7 + 1 =

| 1 | 2 | 3 | 4 | 5 | 6 | 7 |
|---|---|---|---|---|---|---|
| 7 | 6 | 5 | 4 | 3 | 2 | 1 |

1 + 1 + 1 + 1 + 1 + 1 + 1 + 1 + 1 =
  1 + 8 =
  2 + 7 =
  3 + 6 =
  4 + 5 =
  5 + 4 =
  6 + 3 =
  7 + 2 =
  8 + 1 =

| 1 | 2 | 3 | 4 | 5 | 6 | 7 | 8 |
|---|---|---|---|---|---|---|---|
| 8 | 7 | 6 | 5 | 4 | 3 | 2 | 1 |

1 + 1 + 1 + 1 + 1 + 1 + 1 + 1 + 1 + 1 =
  1 + 9 =
  2 + 8 =
  3 + 7 =
  4 + 6 =
  5 + 5 =
  6 + 4 =
  7 + 3 =
  8 + 2 =
  9 + 1 =

| 1 | 2 | 3 | 4 | 5 | 6 | 7 | 8 | 9 |
|---|---|---|---|---|---|---|---|---|
| 9 | 8 | 7 | 6 | 5 | 4 | 3 | 2 | 1 |

These exercises are from pages 205 and 206.

$1+1+1+1+1+1+1+1=$
   $1+7=$
   $2+6=$
   $3+5=$
   $4+4=$
   $5+3=$
   $6+2=$
   $7+1=$

| 1 | 2 | 3 | 4 | 5 | 6 | 7 |
|---|---|---|---|---|---|---|
| 7 | 6 | 5 | 4 | 3 | 2 | 1 |

$1+1+1+1+1+1+1+1+1=$
   $1+8=$
   $2+7=$
   $3+6=$
   $4+5=$
   $5+4=$
   $6+3=$
   $7+2=$
   $8+1=$

| 1 | 2 | 3 | 4 | 5 | 6 | 7 | 8 |
|---|---|---|---|---|---|---|---|
| 8 | 7 | 6 | 5 | 4 | 3 | 2 | 1 |

$1+1+1+1+1+1+1+1+1+1=$
   $1+9=$
   $2+8=$
   $3+7=$
   $4+6=$
   $5+5=$
   $6+4=$
   $7+3=$
   $8+2=$
   $9+1=$

| 1 | 2 | 3 | 4 | 5 | 6 | 7 | 8 | 9 |
|---|---|---|---|---|---|---|---|---|
| 9 | 8 | 7 | 6 | 5 | 4 | 3 | 2 | 1 |

These exercises are from pages 205 and 206.

$1 + 1 + 1 + 1 + 1 + 1 + 1 + 1 =$
   $1 + 7 =$
   $2 + 6 =$
   $3 + 5 =$
   $4 + 4 =$
   $5 + 3 =$
   $6 + 2 =$
   $7 + 1 =$

| 1 | 2 | 3 | 4 | 5 | 6 | 7 |
|---|---|---|---|---|---|---|
| 7 | 6 | 5 | 4 | 3 | 2 | 1 |

$1 + 1 + 1 + 1 + 1 + 1 + 1 + 1 + 1 =$
   $1 + 8 =$
   $2 + 7 =$
   $3 + 6 =$
   $4 + 5 =$
   $5 + 4 =$
   $6 + 3 =$
   $7 + 2 =$
   $8 + 1 =$

| 1 | 2 | 3 | 4 | 5 | 6 | 7 | 8 |
|---|---|---|---|---|---|---|---|
| 8 | 7 | 6 | 5 | 4 | 3 | 2 | 1 |

$1 + 1 + 1 + 1 + 1 + 1 + 1 + 1 + 1 + 1 =$
   $1 + 9 =$
   $2 + 8 =$
   $3 + 7 =$
   $4 + 6 =$
   $5 + 5 =$
   $6 + 4 =$
   $7 + 3 =$
   $8 + 2 =$
   $9 + 1 =$

| 1 | 2 | 3 | 4 | 5 | 6 | 7 | 8 | 9 |
|---|---|---|---|---|---|---|---|---|
| 9 | 8 | 7 | 6 | 5 | 4 | 3 | 2 | 1 |

# ADDITION TABLE – Page 207

| | 1 | 2 | 3 | 4 | 5 | 6 | 7 | 8 | 9 | 10 |
|---|---|---|---|---|---|---|---|---|---|---|
| 1 | 2 | 3 | 4 | 5 | 6 | 7 | 8 | 9 | 10 | |
| 2 | 3 | 4 | 5 | 6 | 7 | 8 | 9 | 10 | | |
| 3 | 4 | 5 | 6 | 7 | 8 | 9 | 10 | | | |
| 4 | 5 | 6 | 7 | 8 | 9 | 10 | | | | |
| 5 | 6 | 7 | 8 | 9 | 10 | | | | | |
| 6 | 7 | 8 | 9 | 10 | | | | | | |
| 7 | 8 | 9 | 10 | | | | | | | |
| 8 | 9 | 10 | | | | | | | | |
| 9 | 10 | | | | | | | | | |
| 10 | | | | | | | | | | |

| | | | | | | | | |
|---|---|---|---|---|---|---|---|---|
| 1 | 2 | 3 | 4 | 5 | 6 | 7 | 8 | 9 |
| +1 | +1 | +1 | +1 | +1 | +1 | +1 | +1 | +1 |
| 2 | 3 | 4 | 5 | 6 | 7 | 8 | 9 | 10 |

| | | | | | | | |
|---|---|---|---|---|---|---|---|
| 1 | 2 | 3 | 4 | 5 | 6 | 7 | 8 |
| +2 | +2 | +2 | +2 | +2 | +2 | +2 | +2 |
| 3 | 4 | 5 | 6 | 7 | 8 | 9 | 10 |

These exercises are from pages 207 and 208.

Fill in the answers saying them with the student. After repeating several times with the answers, then go to the next page and have the student fill in the answers if he/she can. Prompt with the answers, do not frustrate the child.

## ADDITION = +

| 1 | 2 | 3 | 4 | 5 | 6 | 7 | 8 | 9 |
|---|---|---|---|---|---|---|---|---|
| +1 | +1 | +1 | +1 | +1 | +1 | +1 | +1 | +1 |

| 1 | 2 | 3 | 4 | 5 | 6 | 7 | 8 |
|---|---|---|---|---|---|---|---|
| +2 | +2 | +2 | +2 | +2 | +2 | +2 | +2 |

| 1 | 2 | 3 | 4 | 5 | 6 | 7 |
|---|---|---|---|---|---|---|
| +3 | +3 | +3 | +3 | +3 | +3 | +3 |

| 1 | 2 | 3 | 4 | 5 | 6 |
|---|---|---|---|---|---|
| +4 | +4 | +4 | +4 | +4 | +4 |

| 1 | 2 | 3 | 4 | 5 |
|---|---|---|---|---|
| +5 | +5 | +5 | +5 | +5 |

| 1 | 2 | 3 | 4 |
|---|---|---|---|
| +6 | +6 | +6 | +6 |

| 1 | 2 | 3 |
|---|---|---|
| +7 | +7 | +7 |

| 1 | 2 | | 1 |
|---|---|---|---|
| +8 | +8 | | +9 |

These exercises are from pages 207 and 208.

Fill in the answers saying them with the student. After repeating several times with the answers, then go to the next page and have the student fill in the answers if he/she can. Prompt with the answers, do not frustrate the child.

## ADDITION = +

| 1 | 2 | 3 | 4 | 5 | 6 | 7 | 8 | 9 |
|---|---|---|---|---|---|---|---|---|
| +1 | +1 | +1 | +1 | +1 | +1 | +1 | +1 | +1 |

| 1 | 2 | 3 | 4 | 5 | 6 | 7 | 8 |
|---|---|---|---|---|---|---|---|
| +2 | +2 | +2 | +2 | +2 | +2 | +2 | +2 |

| 1 | 2 | 3 | 4 | 5 | 6 | 7 |
|---|---|---|---|---|---|---|
| +3 | +3 | +3 | +3 | +3 | +3 | +3 |

| 1 | 2 | 3 | 4 | 5 | 6 |
|---|---|---|---|---|---|
| +4 | +4 | +4 | +4 | +4 | +4 |

| 1 | 2 | 3 | 4 | 5 |
|---|---|---|---|---|
| +5 | +5 | +5 | +5 | +5 |

| 1 | 2 | 3 | 4 |
|---|---|---|---|
| +6 | +6 | +6 | +6 |

| 1 | 2 | 3 |
|---|---|---|
| +7 | +7 | +7 |

| 1 | 2 | 1 |
|---|---|---|
| +8 | +8 | +9 |

These exercises are from pages 207 and 208.

Fill in the answers saying them with the student. After repeating several times with the answers, then go to the next page and have the student fill in the answers if he/she can. Prompt with the answers, do not frustrate the child.

## ADDITION = +

| 1 | 2 | 3 | 4 | 5 | 6 | 7 | 8 | 9 |
|---|---|---|---|---|---|---|---|---|
| +1 | +1 | +1 | +1 | +1 | +1 | +1 | +1 | +1 |

| 1 | 2 | 3 | 4 | 5 | 6 | 7 | 8 |
|---|---|---|---|---|---|---|---|
| +2 | +2 | +2 | +2 | +2 | +2 | +2 | +2 |

| 1 | 2 | 3 | 4 | 5 | 6 | 7 |
|---|---|---|---|---|---|---|
| +3 | +3 | +3 | +3 | +3 | +3 | +3 |

| 1 | 2 | 3 | 4 | 5 | 6 |
|---|---|---|---|---|---|
| +4 | +4 | +4 | +4 | +4 | +4 |

| 1 | 2 | 3 | 4 | 5 |
|---|---|---|---|---|
| +5 | +5 | +5 | +5 | +5 |

| 1 | 2 | 3 | 4 |
|---|---|---|---|
| +6 | +6 | +6 | +6 |

| 1 | 2 | 3 |
|---|---|---|
| +7 | +7 | +7 |

| 1 | 2 | | 1 |
|---|---|---|---|
| +8 | +8 | | +9 |

Use these numbers to test the students ability to name numbers from 1 to 100, from page 210.

| 1 | 2 | 3 | 4 | 5 | 6 | 7 | 8 | 9 | 10 |
|---|---|---|---|---|---|---|---|---|-----|
| 11 | 12 | 13 | 14 | 15 | 16 | 17 | 18 | 19 | 20 |
| 21 | 22 | 23 | 24 | 25 | 26 | 27 | 28 | 29 | 30 |
| 31 | 32 | 33 | 34 | 35 | 36 | 37 | 38 | 39 | 40 |
| 41 | 42 | 43 | 44 | 45 | 46 | 47 | 48 | 49 | 50 |
| 51 | 52 | 53 | 54 | 55 | 56 | 57 | 58 | 59 | 60 |
| 61 | 62 | 63 | 64 | 65 | 66 | 67 | 68 | 69 | 70 |
| 71 | 72 | 73 | 74 | 75 | 76 | 77 | 78 | 79 | 80 |
| 81 | 82 | 83 | 84 | 85 | 86 | 87 | 88 | 89 | 90 |
| 91 | 92 | 93 | 94 | 95 | 96 | 97 | 98 | 99 | 100 |

ADDITION TABLE – PAGE 211

|    | 1  | 2  | 3  | 4  | 5  | 6  | 7  | 8  | 9  | 10 |
|----|----|----|----|----|----|----|----|----|----|----|
| 1  | 2  | 3  | 4  | 5  | 6  | 7  | 8  | 9  | 10 | 11 |
| 2  | 3  | 4  | 5  | 6  | 7  | 8  | 9  | 10 | 11 | 12 |
| 3  | 4  | 5  | 6  | 7  | 8  | 9  | 10 | 11 | 12 | 13 |
| 4  | 5  | 6  | 7  | 8  | 9  | 10 | 11 | 12 | 13 | 14 |
| 5  | 6  | 7  | 8  | 9  | 10 | 11 | 12 | 13 | 14 | 15 |
| 6  | 7  | 8  | 9  | 10 | 11 | 12 | 13 | 14 | 15 | 16 |
| 7  | 8  | 9  | 10 | 11 | 12 | 13 | 14 | 15 | 16 | 17 |
| 8  | 9  | 10 | 11 | 12 | 13 | 14 | 15 | 16 | 17 | 18 |
| 9  | 10 | 11 | 12 | 13 | 14 | 15 | 16 | 17 | 18 | 19 |
| 10 | 11 | 12 | 13 | 14 | 15 | 16 | 17 | 18 | 19 | 20 |

Step 10:

| 10 | 10 | 10 | 10 | 10 | 10 | 10 | 10 | 10 | 10  |
|----|----|----|----|----|----|----|----|----|-----|
| +1 | +2 | +3 | +4 | +5 | +6 | +7 | +8 | +9 | +10 |
| 11 | 12 | 13 | 14 | 15 | 16 | 17 | 18 | 19 | 20  |

| 9  | 9  | 9  | 9  | 9  | 9  | 9  | 9  | 9   |
|----|----|----|----|----|----|----|----|-----|
| +2 | +3 | +4 | +5 | +6 | +7 | +8 | +9 | +10 |
| 11 | 12 | 13 | 14 | 15 | 16 | 17 | 18 | 19  |

These exercises are from pages 211 and 212.
Fill in the answers with the student. Repeat saying additions out loud with the answers. Then use the next page and prompt the student to fill in the answers.

| 10 | 10 | 10 | 10 | 10 | 10 | 10 | 10 | 10 | 10 |
|---|---|---|---|---|---|---|---|---|---|
| +1 | +2 | +3 | +4 | +5 | +6 | +7 | +8 | +9 | +10 |

| 9 | 9 | 9 | 9 | 9 | 9 | 9 | 9 | 9 |
|---|---|---|---|---|---|---|---|---|
| +2 | +3 | +4 | +5 | +6 | +7 | +8 | +9 | +10 |

| 8 | 8 | 8 | 8 | 8 | 8 | 8 | 8 |
|---|---|---|---|---|---|---|---|
| +3 | +4 | +5 | +6 | +7 | +8 | +9 | +10 |

| 7 | 7 | 7 | 7 | 7 | 7 | 7 |
|---|---|---|---|---|---|---|
| +4 | +5 | +6 | +7 | +8 | +9 | +10 |

| 6 | 6 | 6 | 6 | 6 | 6 |
|---|---|---|---|---|---|
| +5 | +6 | +7 | +8 | +9 | +10 |

| 5 | 5 | 5 | 5 | 5 |
|---|---|---|---|---|
| +6 | +7 | +8 | +9 | +10 |

| 4 | 4 | 4 | 4 |
|---|---|---|---|
| +7 | +8 | +9 | +10 |

| 3 | 3 | 3 |
|---|---|---|
| +8 | +9 | +10 |

| 2 | 2 | 1 |
|---|---|---|
| +9 | +10 | +10 |

These exercises are from pages 211 and 212.
Fill in the answers with the student. Repeat saying additions out loud with the answers. Then use the next page and prompt the student to fill in the answers.

| 10 | 10 | 10 | 10 | 10 | 10 | 10 | 10 | 10 | 10 |
|---|---|---|---|---|---|---|---|---|---|
| +1 | +2 | +3 | +4 | +5 | +6 | +7 | +8 | +9 | +10 |

| 9 | 9 | 9 | 9 | 9 | 9 | 9 | 9 | 9 |
|---|---|---|---|---|---|---|---|---|
| +2 | +3 | +4 | +5 | +6 | +7 | +8 | +9 | +10 |

| 8 | 8 | 8 | 8 | 8 | 8 | 8 | 8 |
|---|---|---|---|---|---|---|---|
| +3 | +4 | +5 | +6 | +7 | +8 | +9 | +10 |

| 7 | 7 | 7 | 7 | 7 | 7 | 7 |
|---|---|---|---|---|---|---|
| +4 | +5 | +6 | +7 | +8 | +9 | +10 |

| 6 | 6 | 6 | 6 | 6 | 6 |
|---|---|---|---|---|---|
| +5 | +6 | +7 | +8 | +9 | +10 |

| 5 | 5 | 5 | 5 | 5 |
|---|---|---|---|---|
| +6 | +7 | +8 | +9 | +10 |

| 4 | 4 | 4 | 4 |
|---|---|---|---|
| +7 | +8 | +9 | +10 |

| 3 | 3 | 3 |
|---|---|---|
| +8 | +9 | +10 |

| 2 | 2 | 1 |
|---|---|---|
| +9 | +10 | +10 |

These exercises are from pages 211 and 212.
Fill in the answers with the student. Repeat saying additions out
loud with the answers. Then use the next page and prompt the
student to fill in the answers.

| 10 | 10 | 10 | 10 | 10 | 10 | 10 | 10 | 10 | 10 |
|----|----|----|----|----|----|----|----|----|-----|
| +1 | +2 | +3 | +4 | +5 | +6 | +7 | +8 | +9 | +10 |

| 9  | 9  | 9  | 9  | 9  | 9  | 9  | 9  | 9   |
|----|----|----|----|----|----|----|----|-----|
| +2 | +3 | +4 | +5 | +6 | +7 | +8 | +9 | +10 |

| 8  | 8  | 8  | 8  | 8  | 8  | 8  | 8   |
|----|----|----|----|----|----|----|-----|
| +3 | +4 | +5 | +6 | +7 | +8 | +9 | +10 |

| 7  | 7  | 7  | 7  | 7  | 7  | 7   |
|----|----|----|----|----|----|-----|
| +4 | +5 | +6 | +7 | +8 | +9 | +10 |

| 6  | 6  | 6  | 6  | 6  | 6   |
|----|----|----|----|----|-----|
| +5 | +6 | +7 | +8 | +9 | +10 |

| 5  | 5  | 5  | 5  | 5   |
|----|----|----|----|-----|
| +6 | +7 | +8 | +9 | +10 |

| 4  | 4  | 4  | 4   |
|----|----|----|-----|
| +7 | +8 | +9 | +10 |

| 3  | 3  | 3   |
|----|----|-----|
| +8 | +9 | +10 |

| 2  | 2   | 1   |
|----|-----|-----|
| +9 | +10 | +10 |

These exercises are from pages 212 and 213.
Fill in the answers with the student. Repeat saying additions out
loud with the answers. Then use the next page and prompt student
to fill in the answers.

| 10 | 9 | 8 | 7 | 6 | 5 | 4 | 3 | 2 | 1 |
|----|----|----|----|----|----|----|----|----|----|
| +1 | +2 | +3 | +4 | +5 | +6 | +7 | +8 | +9 | +10 |

| 10 | 9 | 8 | 7 | 6 | 5 | 4 | 3 | 2 |
|----|----|----|----|----|----|----|----|----|
| +2 | +3 | +4 | +5 | +6 | +7 | +8 | +9 | +10 |

| 10 | 9 | 8 | 7 | 6 | 5 | 4 | 3 |
|----|----|----|----|----|----|----|----|
| +3 | +4 | +5 | +6 | +7 | +8 | +9 | +10 |

| 10 | 9 | 8 | 7 | 6 | 5 | 4 |
|----|----|----|----|----|----|----|
| +4 | +5 | +6 | +7 | +8 | +9 | +10 |

| 10 | 9 | 8 | 7 | 6 | 5 |
|----|----|----|----|----|----|
| +5 | +6 | +7 | +8 | +9 | +10 |

| 10 | 9 | 8 | 7 | 6 |
|----|----|----|----|----|
| +6 | +7 | +8 | +9 | +10 |

| 10 | 9 | 8 | 7 |
|----|----|----|----|
| +7 | +8 | +9 | +10 |

| 10 | 9 | 8 |
|----|----|----|
| +8 | +9 | +10 |

| 10 | 9 | | 10 |
|----|----|----|----|
| +9 | +10 | | +10 |

These exercises are from pages 212 and 213.
Fill in the answers with the student. Repeat saying additions out
loud with the answers. Then use the next page and prompt student
to fill in the answers.

| 10 | 9 | 8 | 7 | 6 | 5 | 4 | 3 | 2 | 1 |
|---|---|---|---|---|---|---|---|---|---|
| +1 | +2 | +3 | +4 | +5 | +6 | +7 | +8 | +9 | +10 |

| 10 | 9 | 8 | 7 | 6 | 5 | 4 | 3 | 2 |
|---|---|---|---|---|---|---|---|---|
| +2 | +3 | +4 | +5 | +6 | +7 | +8 | +9 | +10 |

| 10 | 9 | 8 | 7 | 6 | 5 | 4 | 3 |
|---|---|---|---|---|---|---|---|
| +3 | +4 | +5 | +6 | +7 | +8 | +9 | +10 |

| 10 | 9 | 8 | 7 | 6 | 5 | 4 |
|---|---|---|---|---|---|---|
| +4 | +5 | +6 | +7 | +8 | +9 | +10 |

| 10 | 9 | 8 | 7 | 6 | 5 |
|---|---|---|---|---|---|
| +5 | +6 | +7 | +8 | +9 | +10 |

| 10 | 9 | 8 | 7 | 6 |
|---|---|---|---|---|
| +6 | +7 | +8 | +9 | +10 |

| 10 | 9 | 8 | 7 |
|---|---|---|---|
| +7 | +8 | +9 | +10 |

| 10 | 9 | 8 |
|---|---|---|
| +8 | +9 | +10 |

| 10 | 9 | | 10 |
|---|---|---|---|
| +9 | +10 | | +10 |

These exercises are from pages 212 and 213.
Fill in the answers with the student. Repeat saying additions out loud with the answers. Then use the next page and prompt student to fill in the answers.

| 10 | 9 | 8 | 7 | 6 | 5 | 4 | 3 | 2 | 1 |
|----|----|----|----|----|----|----|----|----|----|
| +1 | +2 | +3 | +4 | +5 | +6 | +7 | +8 | +9 | +10 |

| 10 | 9 | 8 | 7 | 6 | 5 | 4 | 3 | 2 |
|----|----|----|----|----|----|----|----|----|
| +2 | +3 | +4 | +5 | +6 | +7 | +8 | +9 | +10 |

| 10 | 9 | 8 | 7 | 6 | 5 | 4 | 3 |
|----|----|----|----|----|----|----|----|
| +3 | +4 | +5 | +6 | +7 | +8 | +9 | +10 |

| 10 | 9 | 8 | 7 | 6 | 5 | 4 |
|----|----|----|----|----|----|----|
| +4 | +5 | +6 | +7 | +8 | +9 | +10 |

| 10 | 9 | 8 | 7 | 6 | 5 |
|----|----|----|----|----|----|
| +5 | +6 | +7 | +8 | +9 | +10 |

| 10 | 9 | 8 | 7 | 6 |
|----|----|----|----|----|
| +6 | +7 | +8 | +9 | +10 |

| 10 | 9 | 8 | 7 |
|----|----|----|----|
| +7 | +8 | +9 | +10 |

| 10 | 9 | 8 |
|----|----|----|
| +8 | +9 | +10 |

| 10 | 9 | | 10 |
|----|----|----|----|
| +9 | +10 | | +10 |

Combined exercises from pages 211, 212 and 213.

```
  1     2     3     4     5     6     7     8     9    10
+10    +9    +8    +7    +6    +5    +4    +3    +2    +1
```

```
  2     3     4     5     6     7     8     9    10
+10    +9    +8    +7    +6    +5    +4    +3    +2
```

```
 10     9     8     7     6     5     4     3     2     1
 +1    +2    +3    +4    +5    +6    +7    +8    +9   +10
```

```
 10     9     8     7     6     5     4     3     2
 +2    +3    +4    +5    +6    +7    +8    +9   +10
```

```
 10     9     8     7     6     5     4     3
 +3    +4    +5    +6    +7    +8    +9   +10
```

```
  3     4     5     6     7     8     9    10
+10    +9    +8    +7    +6    +5    +4    +3
```

```
  4     5     6     7     8     9    10
+10    +9    +8    +7    +6    +5    +4
```

```
 10     9     8     7     6     5     4
 +4    +5    +6    +7    +8    +9   +10
```

```
  5     6     7     8     9    10
+10    +9    +8    +7    +6    +5
```

```
 10     9     8     7     6     5
 +5    +6    +7    +8    +9   +10
```

Combined exercises from pages 211, 212 and 213.

| 1 | 2 | 3 | 4 | 5 | 6 | 7 | 8 | 9 | 10 |
|---|---|---|---|---|---|---|---|---|---|
| +10 | +9 | +8 | +7 | +6 | +5 | +4 | +3 | +2 | +1 |

| 2 | 3 | 4 | 5 | 6 | 7 | 8 | 9 | 10 |
|---|---|---|---|---|---|---|---|---|
| +10 | +9 | +8 | +7 | +6 | +5 | +4 | +3 | +2 |

| 10 | 9 | 8 | 7 | 6 | 5 | 4 | 3 | 2 | 1 |
|---|---|---|---|---|---|---|---|---|---|
| +1 | +2 | +3 | +4 | +5 | +6 | +7 | +8 | +9 | +10 |

| 10 | 9 | 8 | 7 | 6 | 5 | 4 | 3 | 2 |
|---|---|---|---|---|---|---|---|---|
| +2 | +3 | +4 | +5 | +6 | +7 | +8 | +9 | +10 |

| 10 | 9 | 8 | 7 | 6 | 5 | 4 | 3 |
|---|---|---|---|---|---|---|---|
| +3 | +4 | +5 | +6 | +7 | +8 | +9 | +10 |

| 3 | 4 | 5 | 6 | 7 | 8 | 9 | 10 |
|---|---|---|---|---|---|---|---|
| +10 | +9 | +8 | +7 | +6 | +5 | +4 | +3 |

| 4 | 5 | 6 | 7 | 8 | 9 | 10 |
|---|---|---|---|---|---|---|
| +10 | +9 | +8 | +7 | +6 | +5 | +4 |

| 10 | 9 | 8 | 7 | 6 | 5 | 4 |
|---|---|---|---|---|---|---|
| +4 | +5 | +6 | +7 | +8 | +9 | +10 |

| 5 | 6 | 7 | 8 | 9 | 10 |
|---|---|---|---|---|---|
| +10 | +9 | +8 | +7 | +6 | +5 |

| 10 | 9 | 8 | 7 | 6 | 5 |
|---|---|---|---|---|---|
| +5 | +6 | +7 | +8 | +9 | +10 |

Combined exercises from pages 211, 212 and 213.

| 1 | 2 | 3 | 4 | 5 | 6 | 7 | 8 | 9 | 10 |
|---|---|---|---|---|---|---|---|---|---|
| +10 | +9 | +8 | +7 | +6 | +5 | +4 | +3 | +2 | +1 |

| 2 | 3 | 4 | 5 | 6 | 7 | 8 | 9 | 10 |
|---|---|---|---|---|---|---|---|---|
| +10 | +9 | +8 | +7 | +6 | +5 | +4 | +3 | +2 |

| 10 | 9 | 8 | 7 | 6 | 5 | 4 | 3 | 2 | 1 |
|---|---|---|---|---|---|---|---|---|---|
| +1 | +2 | +3 | +4 | +5 | +6 | +7 | +8 | +9 | +10 |

| 10 | 9 | 8 | 7 | 6 | 5 | 4 | 3 | 2 |
|---|---|---|---|---|---|---|---|---|
| +2 | +3 | +4 | +5 | +6 | +7 | +8 | +9 | +10 |

| 10 | 9 | 8 | 7 | 6 | 5 | 4 | 3 |
|---|---|---|---|---|---|---|---|
| +3 | +4 | +5 | +6 | +7 | +8 | +9 | +10 |

| 3 | 4 | 5 | 6 | 7 | 8 | 9 | 10 |
|---|---|---|---|---|---|---|---|
| +10 | +9 | +8 | +7 | +6 | +5 | +4 | +3 |

| 4 | 5 | 6 | 7 | 8 | 9 | 10 |
|---|---|---|---|---|---|---|
| +10 | +9 | +8 | +7 | +6 | +5 | +4 |

| 10 | 9 | 8 | 7 | 6 | 5 | 4 |
|---|---|---|---|---|---|---|
| +4 | +5 | +6 | +7 | +8 | +9 | +10 |

| 5 | 6 | 7 | 8 | 9 | 10 |
|---|---|---|---|---|---|
| +10 | +9 | +8 | +7 | +6 | +5 |

| 10 | 9 | 8 | 7 | 6 | 5 |
|---|---|---|---|---|---|
| +5 | +6 | +7 | +8 | +9 | +10 |

# TIMED TEST [3 MIN. 12 SEC.]

| | | | | | | | |
|---|---|---|---|---|---|---|---|
| 3<br>+2 | 4<br>+3 | 5<br>+4 | 6<br>+5 | 7<br>+6 | 8<br>+7 | 9<br>+8 | 2<br>+9 |
| 4<br>+2 | 5<br>+6 | 6<br>+7 | 7<br>+8 | 8<br>+9 | 9<br>+3 | 3<br>+8 | 2<br>+8 |
| 5<br>+2 | 6<br>+3 | 7<br>+9 | 8<br>+5 | 9<br>+6 | 3<br>+5 | 2<br>+4 | 4<br>+5 |
| 6<br>+4 | 7<br>+5 | 8<br>+4 | 9<br>+7 | 3<br>+6 | 2<br>+5 | 5<br>+8 | 4<br>+7 |
| 7<br>+7 | 8<br>+6 | 9<br>+5 | 3<br>+9 | 2<br>+6 | 5<br>+5 | 4<br>+9 | 6<br>+6 |
| 8<br>+8 | 9<br>+4 | 3<br>+7 | 2<br>+7 | 5<br>+3 | 4<br>+4 | 7<br>+4 | 6<br>+8 |
| 9<br>+2 | 3<br>+4 | 2<br>+2 | 5<br>+9 | 4<br>+8 | 7<br>+3 | 6<br>+2 | 8<br>+3 |
| 3<br>+3 | 2<br>+3 | 5<br>+7 | 4<br>+6 | 7<br>+2 | 6<br>+9 | 8<br>+2 | 9<br>+9 |

Over:
25a
(Blank for practice)

TIMED TEST [3 MIN. 12 SEC.]

| | | | | | | | |
|---|---|---|---|---|---|---|---|
| 3 +2 | 4 +3 | 5 +4 | 6 +5 | 7 +6 | 8 +7 | 9 +8 | 2 +9 |
| 4 +2 | 5 +6 | 6 +7 | 7 +8 | 8 +9 | 9 +3 | 3 +8 | 2 +8 |
| 5 +2 | 6 +3 | 7 +9 | 8 +5 | 9 +6 | 3 +5 | 2 +4 | 4 +5 |
| 6 +4 | 7 +5 | 8 +4 | 9 +7 | 3 +6 | 2 +5 | 5 +8 | 4 +7 |
| 7 +7 | 8 +6 | 9 +5 | 3 +9 | 2 +6 | 5 +5 | 4 +9 | 6 +6 |
| 8 +8 | 9 +4 | 3 +7 | 2 +7 | 5 +3 | 4 +4 | 7 +4 | 6 +8 |
| 9 +2 | 3 +4 | 2 +2 | 5 +9 | 4 +8 | 7 +3 | 6 +2 | 8 +3 |
| 3 +3 | 2 +3 | 5 +7 | 4 +6 | 7 +2 | 6 +9 | 8 +2 | 9 +9 |

**Over:**
**26a**
**(Blank for practice)**

TIMED TEST [3 MIN. 12 SEC.]

| | | | | | | | |
|---|---|---|---|---|---|---|---|
| 3 | 4 | 5 | 6 | 7 | 8 | 9 | 2 |
| +2 | +3 | +4 | +5 | +6 | +7 | +8 | +9 |
| 4 | 5 | 6 | 7 | 8 | 9 | 3 | 2 |
| +2 | +6 | +7 | +8 | +9 | +3 | +8 | +8 |
| 5 | 6 | 7 | 8 | 9 | 3 | 2 | 4 |
| +2 | +3 | +9 | +5 | +6 | +5 | +4 | +5 |
| 6 | 7 | 8 | 9 | 3 | 2 | 5 | 4 |
| +4 | +5 | +4 | +7 | +6 | +5 | +8 | +7 |
| 7 | 8 | 9 | 3 | 2 | 5 | 4 | 6 |
| +7 | +6 | +5 | +9 | +6 | +5 | +9 | +6 |
| 8 | 9 | 3 | 2 | 5 | 4 | 7 | 6 |
| +8 | +4 | +7 | +7 | +3 | +4 | +4 | +8 |
| 9 | 3 | 2 | 5 | 4 | 7 | 6 | 8 |
| +2 | +4 | +2 | +9 | +8 | +3 | +2 | +3 |
| 3 | 2 | 5 | 4 | 7 | 6 | 8 | 9 |
| +3 | +3 | +7 | +6 | +2 | +9 | +2 | +9 |

Over:
27a
(Blank for practice)

Exercises from page 215.

SUBTRACTION = −

| | | | |
|---|---|---|---|
| 9 + 1 = | | 10 - 1 = | |
| 8 + 1 = | | 9 - 1 = | |
| 7 + 1 = | | 8 - 1 = | |
| 6 + 1 = | | 7 - 1 = | |
| 5 + 1 = | | 6 - 1 = | |
| 4 + 1 = | | 5 - 1 = | |
| 3 + 1 = | | 4 - 1 = | |
| 2 + 1 = | | 3 - 1 = | |
| 1 + 1 = | | 2 - 1 = | |
| 8 + 2 = | 10 - 2 = | 7 + 3 = | 10 - 3 = |
| 7 + 2 = | 9 - 2 = | 6 + 3 = | 9 - 3 = |
| 6 + 2 = | 8 - 2 = | 5 + 3 = | 8 - 3 = |
| 5 + 2 = | 7 - 2 = | 4 + 3 = | 7 - 3 = |
| 4 + 2 = | 6 - 2 = | 3 + 3 = | 6 - 3 = |
| 3 + 2 = | 5 - 2 = | 2 + 3 = | 5 - 3 = |
| 2 + 2 = | 4 - 2 = | 1 + 3 = | 4 - 3 = |
| 1 + 2 = | 3 - 2 = | | |

Exercises from page 215.

SUBTRACTION = −

| | | | |
|---|---|---|---|
| 9 + 1 = | | 10 - 1 = | |
| 8 + 1 = | | 9 - 1 = | |
| 7 + 1 = | | 8 - 1 = | |
| 6 + 1 = | | 7 - 1 = | |
| 5 + 1 = | | 6 - 1 = | |
| 4 + 1 = | | 5 - 1 = | |
| 3 + 1 = | | 4 - 1 = | |
| 2 + 1 = | | 3 - 1 = | |
| 1 + 1 = | | 2 - 1 = | |
| 8 + 2 = | 10 - 2 = | 7 + 3 = | 10 - 3 = |
| 7 + 2 = | 9 - 2 = | 6 + 3 = | 9 - 3 = |
| 6 + 2 = | 8 - 2 = | 5 + 3 = | 8 - 3 = |
| 5 + 2 = | 7 - 2 = | 4 + 3 = | 7 - 3 = |
| 4 + 2 = | 6 - 2 = | 3 + 3 = | 6 - 3 = |
| 3 + 2 = | 5 - 2 = | 2 + 3 = | 5 - 3 = |
| 2 + 2 = | 4 - 2 = | 1 + 3 = | 4 - 3 = |
| 1 + 2 = | 3 - 2 = | | |

Exercises from page 215.

SUBTRACTION = −

| | |
|---|---|
| 9 + 1 = | 10 - 1 = |
| 8 + 1 = | 9 - 1 = |
| 7 + 1 = | 8 - 1 = |
| 6 + 1 = | 7 - 1 = |
| 5 + 1 = | 6 - 1 = |
| 4 + 1 = | 5 - 1 = |
| 3 + 1 = | 4 - 1 = |
| 2 + 1 = | 3 - 1 = |
| 1 + 1 = | 2 - 1 = |

| | | | |
|---|---|---|---|
| 8 + 2 = | 10 - 2 = | 7 + 3 = | 10 - 3 = |
| 7 + 2 = | 9 - 2 = | 6 + 3 = | 9 - 3 = |
| 6 + 2 = | 8 - 2 = | 5 + 3 = | 8 - 3 = |
| 5 + 2 = | 7 - 2 = | 4 + 3 = | 7 - 3 = |
| 4 + 2 = | 6 - 2 = | 3 + 3 = | 6 - 3 = |
| 3 + 2 = | 5 - 2 = | 2 + 3 = | 5 - 3 = |
| 2 + 2 = | 4 - 2 = | 1 + 3 = | 4 - 3 = |
| 1 + 2 = | 3 - 2 = | | |

Exercises from page 216 and 217. 

## SUBTRACTION = −

| | | | |
|---|---|---|---|
| 6 + 4 = | 10 - 4 = | 4 + 6 = | 10 - 6 = |
| 5 + 4 = | 9 - 4 = | 3 + 6 = | 9 - 6 = |
| 4 + 4 = | 8 - 4 = | 2 + 6 = | 8 - 6 = |
| 3 + 4 = | 7 - 4 = | 1 + 6 = | 7 - 6 = |
| 2 + 4 = | 6 - 4 = | | |
| 1 + 4 = | 5 - 4 = | 3 + 7 = | 10 - 7 = |
| | | 2 + 7 = | 9 - 7 = |
| | | 1 + 7 = | 8 - 7 = |
| 5 + 5 = | 10 - 5 = | | |
| 4 + 5 = | 9 - 5 = | 2 + 8 = | 10 - 8 = |
| 3 + 5 = | 8 - 5 = | 1 + 8 = | 9 - 8 = |
| 2 + 5 = | 7 - 5 = | | |
| 1 + 5 = | 6 - 5 = | 1 + 9 = | 10 - 9 = |

Work with zeros:

| | | | |
|---|---|---|---|
| 1 - 1 = | 2 - 2 = | 3 - 3 = | 4 - 4 = |
| 1 + 0 = | 2 + 0 = | 3 + 0 = | 4 + 0 = |
| 5 - 5 = | 6 - 6 = | 7 - 7 = | 8 - 8 = |
| 5 + 0 = | 6 + 0 = | 7 + 0 = | 8 + 0 = |
| 9 - 9 = | 10 - 10 = | 9 + 0 = | 10 + 0 = |

## SUBTRACTION = –

| | | | |
|---|---|---|---|
| 6 + 4 = | 10 - 4 = | 4 + 6 = | 10 - 6 = |
| 5 + 4 = | 9 - 4 = | 3 + 6 = | 9 - 6 = |
| 4 + 4 = | 8 - 4 = | 2 + 6 = | 8 - 6 = |
| 3 + 4 = | 7 - 4 = | 1 + 6 = | 7 - 6 = |
| 2 + 4 = | 6 - 4 = | | |
| 1 + 4 = | 5 - 4 = | 3 + 7 = | 10 - 7 = |
| | | 2 + 7 = | 9 - 7 = |
| | | 1 + 7 = | 8 - 7 = |
| 5 + 5 = | 10 - 5 = | | |
| 4 + 5 = | 9 - 5 = | 2 + 8 = | 10 - 8 = |
| 3 + 5 = | 8 - 5 = | 1 + 8 = | 9 - 8 = |
| 2 + 5 = | 7 - 5 = | | |
| 1 + 5 = | 6 - 5 = | 1 + 9 = | 10 - 9 = |

## Work with zeros:

| | | | |
|---|---|---|---|
| 1 - 1 = | 2 - 2 = | 3 - 3 = | 4 - 4 = |
| 1 + 0 = | 2 + 0 = | 3 + 0 = | 4 + 0 = |
| 5 - 5 = | 6 - 6 = | 7 - 7 = | 8 - 8 = |
| 5 + 0 = | 6 + 0 = | 7 + 0 = | 8 + 0 = |
| 9 - 9 = | 10 - 10 = | 9 + 0 = | 10 + 0 = |

## SUBTRACTION = −

| | | | |
|---|---|---|---|
| $6 + 4 =$ | $10 - 4 =$ | $4 + 6 =$ | $10 - 6 =$ |
| $5 + 4 =$ | $9 - 4 =$ | $3 + 6 =$ | $9 - 6 =$ |
| $4 + 4 =$ | $8 - 4 =$ | $2 + 6 =$ | $8 - 6 =$ |
| $3 + 4 =$ | $7 - 4 =$ | $1 + 6 =$ | $7 - 6 =$ |
| $2 + 4 =$ | $6 - 4 =$ | | |
| $1 + 4 =$ | $5 - 4 =$ | $3 + 7 =$ | $10 - 7 =$ |
| | | $2 + 7 =$ | $9 - 7 =$ |
| | | $1 + 7 =$ | $8 - 7 =$ |
| $5 + 5 =$ | $10 - 5 =$ | | |
| $4 + 5 =$ | $9 - 5 =$ | $2 + 8 =$ | $10 - 8 =$ |
| $3 + 5 =$ | $8 - 5 =$ | $1 + 8 =$ | $9 - 8 =$ |
| $2 + 5 =$ | $7 - 5 =$ | | |
| $1 + 5 =$ | $6 - 5 =$ | $1 + 9 =$ | $10 - 9 =$ |

Work with zeros:

| | | | |
|---|---|---|---|
| $1 - 1 =$ | $2 - 2 =$ | $3 - 3 =$ | $4 - 4 =$ |
| $1 + 0 =$ | $2 + 0 =$ | $3 + 0 =$ | $4 + 0 =$ |
| $5 - 5 =$ | $6 - 6 =$ | $7 - 7 =$ | $8 - 8 =$ |
| $5 + 0 =$ | $6 + 0 =$ | $7 + 0 =$ | $8 + 0 =$ |
| $9 - 9 =$ | $10 - 10 =$ | $9 + 0 =$ | $10 + 0 =$ |

SUBTRACTION TABLE – Page 218

| | | | | | | | | | | |
|---|---|---|---|---|---|---|---|---|---|---|
| 0 | 1 | 2 | 3 | 4 | 5 | 6 | 7 | 8 | 9 | 10 |
| 1 | 0 | 1 | 2 | 3 | 4 | 5 | 6 | 7 | 8 | 9 |
| 2 | | 0 | 1 | 2 | 3 | 4 | 5 | 6 | 7 | 8 |
| 3 | | | 0 | 1 | 2 | 3 | 4 | 5 | 6 | 7 |
| 4 | | | | 0 | 1 | 2 | 3 | 4 | 5 | 6 |
| 5 | | | | | 0 | 1 | 2 | 3 | 4 | 5 |
| 6 | | | | | | 0 | 1 | 2 | 3 | 4 |
| 7 | | | | | | | 0 | 1 | 2 | 3 |
| 8 | | | | | | | | 0 | 1 | 2 |
| 9 | | | | | | | | | 0 | 1 |
| 10 | | | | | | | | | | 0 |

These exercises are from page 219.

SUBTRACTION = −

| 1 | 2 | 3 | 4 | 5 | 6 | 7 | 8 | 9 | 10 |
|---|---|---|---|---|---|---|---|---|---|
| -0 | -1 | -2 | -3 | -4 | -5 | -6 | -7 | -8 | -10 |

| 2 | 3 | 4 | 5 | 6 | 7 | 8 | 9 | 10 | 11 |
|---|---|---|---|---|---|---|---|---|---|
| -0 | -1 | -2 | -3 | -4 | -5 | -6 | -7 | -8 | -9 |

| 3 | 4 | 5 | 6 | 7 | 8 | 9 | 10 | 11 | 12 |
|---|---|---|---|---|---|---|---|---|---|
| -0 | -1 | -2 | -3 | -4 | -5 | -6 | -7 | -8 | -9 |

| 4 | 5 | 6 | 7 | 8 | 9 | 10 | 11 | 12 | 13 |
|---|---|---|---|---|---|---|---|---|---|
| -0 | -1 | -2 | -3 | -4 | -5 | -6 | -7 | -8 | -9 |

| 5 | 6 | 7 | 8 | 9 | 10 | 11 | 12 | 13 | 14 |
|---|---|---|---|---|---|---|---|---|---|
| -0 | -1 | -2 | -3 | -4 | -5 | -6 | -7 | -8 | -9 |

| 6 | 7 | 8 | 9 | 10 | 11 | 12 | 13 | 14 | 15 |
|---|---|---|---|---|---|---|---|---|---|
| -0 | -1 | -2 | -3 | -4 | -5 | -6 | -7 | -8 | -9 |

| 7 | 8 | 9 | 10 | 11 | 12 | 13 | 14 | 15 | 16 |
|---|---|---|---|---|---|---|---|---|---|
| -0 | -1 | -2 | -3 | -4 | -5 | -6 | -7 | -8 | -9 |

| 8 | 9 | 10 | 11 | 12 | 13 | 14 | 15 | 16 | 17 |
|---|---|---|---|---|---|---|---|---|---|
| -0 | -1 | -2 | -3 | -4 | -5 | -6 | -7 | -8 | -9 |

| 9 | 10 | 11 | 12 | 13 | 14 | 15 | 16 | 17 | 18 |
|---|---|---|---|---|---|---|---|---|---|
| -0 | -1 | -2 | -3 | -4 | -5 | -6 | -7 | -8 | -9 |

These exercises are from page 219.

SUBTRACTION = −

| 1 | 2 | 3 | 4 | 5 | 6 | 7 | 8 | 9 | 10 |
|---|---|---|---|---|---|---|---|---|---|
| -0 | -1 | -2 | -3 | -4 | -5 | -6 | -7 | -8 | -10 |

| 2 | 3 | 4 | 5 | 6 | 7 | 8 | 9 | 10 | 11 |
|---|---|---|---|---|---|---|---|---|---|
| -0 | -1 | -2 | -3 | -4 | -5 | -6 | -7 | -8 | -9 |

| 3 | 4 | 5 | 6 | 7 | 8 | 9 | 10 | 11 | 12 |
|---|---|---|---|---|---|---|---|---|---|
| -0 | -1 | -2 | -3 | -4 | -5 | -6 | -7 | -8 | -9 |

| 4 | 5 | 6 | 7 | 8 | 9 | 10 | 11 | 12 | 13 |
|---|---|---|---|---|---|---|---|---|---|
| -0 | -1 | -2 | -3 | -4 | -5 | -6 | -7 | -8 | -9 |

| 5 | 6 | 7 | 8 | 9 | 10 | 11 | 12 | 13 | 14 |
|---|---|---|---|---|---|---|---|---|---|
| -0 | -1 | -2 | -3 | -4 | -5 | -6 | -7 | -8 | -9 |

| 6 | 7 | 8 | 9 | 10 | 11 | 12 | 13 | 14 | 15 |
|---|---|---|---|---|---|---|---|---|---|
| -0 | -1 | -2 | -3 | -4 | -5 | -6 | -7 | -8 | -9 |

| 7 | 8 | 9 | 10 | 11 | 12 | 13 | 14 | 15 | 16 |
|---|---|---|---|---|---|---|---|---|---|
| -0 | -1 | -2 | -3 | -4 | -5 | -6 | -7 | -8 | -9 |

| 8 | 9 | 10 | 11 | 12 | 13 | 14 | 15 | 16 | 17 |
|---|---|---|---|---|---|---|---|---|---|
| -0 | -1 | -2 | -3 | -4 | -5 | -6 | -7 | -8 | -9 |

| 9 | 10 | 11 | 12 | 13 | 14 | 15 | 16 | 17 | 18 |
|---|---|---|---|---|---|---|---|---|---|
| -0 | -1 | -2 | -3 | -4 | -5 | -6 | -7 | -8 | -9 |

These exercises are from page 219.

SUBTRACTION = −

| 1 | 2 | 3 | 4 | 5 | 6 | 7 | 8 | 9 | 10 |
|---|---|---|---|---|---|---|---|---|---|
| -0 | -1 | -2 | -3 | -4 | -5 | -6 | -7 | -8 | -10 |

| 2 | 3 | 4 | 5 | 6 | 7 | 8 | 9 | 10 | 11 |
|---|---|---|---|---|---|---|---|---|---|
| -0 | -1 | -2 | -3 | -4 | -5 | -6 | -7 | -8 | -9 |

| 3 | 4 | 5 | 6 | 7 | 8 | 9 | 10 | 11 | 12 |
|---|---|---|---|---|---|---|---|---|---|
| -0 | -1 | -2 | -3 | -4 | -5 | -6 | -7 | -8 | -9 |

| 4 | 5 | 6 | 7 | 8 | 9 | 10 | 11 | 12 | 13 |
|---|---|---|---|---|---|---|---|---|---|
| -0 | -1 | -2 | -3 | -4 | -5 | -6 | -7 | -8 | -9 |

| 5 | 6 | 7 | 8 | 9 | 10 | 11 | 12 | 13 | 14 |
|---|---|---|---|---|---|---|---|---|---|
| -0 | -1 | -2 | -3 | -4 | -5 | -6 | -7 | -8 | -9 |

| 6 | 7 | 8 | 9 | 10 | 11 | 12 | 13 | 14 | 15 |
|---|---|---|---|---|---|---|---|---|---|
| -0 | -1 | -2 | -3 | -4 | -5 | -6 | -7 | -8 | -9 |

| 7 | 8 | 9 | 10 | 11 | 12 | 13 | 14 | 15 | 16 |
|---|---|---|---|---|---|---|---|---|---|
| -0 | -1 | -2 | -3 | -4 | -5 | -6 | -7 | -8 | -9 |

| 8 | 9 | 10 | 11 | 12 | 13 | 14 | 15 | 16 | 17 |
|---|---|---|---|---|---|---|---|---|---|
| -0 | -1 | -2 | -3 | -4 | -5 | -6 | -7 | -8 | -9 |

| 9 | 10 | 11 | 12 | 13 | 14 | 15 | 16 | 17 | 18 |
|---|---|---|---|---|---|---|---|---|---|
| -0 | -1 | -2 | -3 | -4 | -5 | -6 | -7 | -8 | -9 |

Continued exercises for page 219.

| 10 | 11 | 12 | 13 | 14 | 15 | 16 | 17 | 18 | 19 |
|----|----|----|----|----|----|----|----|----|----|
| -0 | -1 | -2 | -3 | -4 | -5 | -6 | -7 | -8 | -9 |

# USE THE REST OF THIS PAGE TO MAKE UP YOUR OWN PRACTICE EXERCISES.

Continued exercises for page 219.

| 10 | 11 | 12 | 13 | 14 | 15 | 16 | 17 | 18 | 19 |
|----|----|----|----|----|----|----|----|----|----|
| -0 | -1 | -2 | -3 | -4 | -5 | -6 | -7 | -8 | -9 |

# USE THE REST OF THIS PAGE TO MAKE UP YOUR OWN PRACTICE EXERCISES.

Continued exercises for page 219.

| | | | | | | | | | |
|---|---|---|---|---|---|---|---|---|---|
| 10 | 11 | 12 | 13 | 14 | 15 | 16 | 17 | 18 | 19 |
| -0 | -1 | -2 | -3 | - 4 | - 5 | - 6 | -7 | - 8 | - 9 |

USE THE REST OF THIS PAGE TO MAKE UP YOUR OWN PRACTICE EXERCISES.

**(Blank for practice)**

# SUBTRACTION PRACTICE
## [2MIN. 9 SEC.]

| 8   | 7   | 5   | 9   | 9   | 6   | 4   | 8   | 6   |
|-----|-----|-----|-----|-----|-----|-----|-----|-----|
| -6  | -4  | -5  | -6  | -3  | -4  | -3  | -8  | -6  |

| 4   | 7   | 9   | 6   | 5   | 3   | 8   | 2   | 9   |
|-----|-----|-----|-----|-----|-----|-----|-----|-----|
| -4  | -6  | -8  | -5  | -3  | -2  | -2  | -1  | -5  |

| 8   | 7   | 9   | 6   | 5   | 4   | 3   | 7   |
|-----|-----|-----|-----|-----|-----|-----|-----|
| -7  | -5  | -7  | -1  | -4  | -2  | -3  | -1  |

| 3   | 4   | 5   | 6   | 7   | 8   | 9   | 6   |
|-----|-----|-----|-----|-----|-----|-----|-----|
| -1  | -1  | -2  | -3  | -7  | -4  | -1  | -2  |

| 5   | 4   | 7   | 8   | 9   | 8   | 7   | 8   | 9   |
|-----|-----|-----|-----|-----|-----|-----|-----|-----|
| -1  | -1  | -2  | -1  | -2  | -5  | -3  | -3  | -4  |

**Over:**
**41a**
**(Blank for practice)**

# SUBTRACTION PRACTICE
## [2MIN. 9 SEC.]

| 8 | 7 | 5 | 9 | 9 | 6 | 4 | 8 | 6 |
|---|---|---|---|---|---|---|---|---|
| -6 | -4 | -5 | -6 | -3 | -4 | -3 | -8 | -6 |

| 4 | 7 | 9 | 6 | 5 | 3 | 8 | 2 | 9 |
|---|---|---|---|---|---|---|---|---|
| -4 | -6 | -8 | -5 | -3 | -2 | -2 | -1 | -5 |

| 8 | 7 | 9 | 6 | 5 | 4 | 3 | 7 |
|---|---|---|---|---|---|---|---|
| -7 | -5 | -7 | -1 | -4 | -2 | -3 | -1 |

| 3 | 4 | 5 | 6 | 7 | 8 | 9 | 6 |
|---|---|---|---|---|---|---|---|
| -1 | -1 | -2 | -3 | -7 | -4 | -1 | -2 |

| 5 | 4 | 7 | 8 | 9 | 8 | 7 | 8 | 9 |
|---|---|---|---|---|---|---|---|---|
| -1 | -1 | -2 | -1 | -2 | -5 | -3 | -3 | -4 |

Over:
42a
(Blank for practice)

# SUBTRACTION PRACTICE
## [2MIN. 9 SEC.]

| 8  | 7  | 5  | 9  | 9  | 6  | 4  | 8  | 6  |
|----|----|----|----|----|----|----|----|----|
| -6 | -4 | -5 | -6 | -3 | -4 | -3 | -8 | -6 |

| 4  | 7  | 9  | 6  | 5  | 3  | 8  | 2  | 9  |
|----|----|----|----|----|----|----|----|----|
| -4 | -6 | -8 | -5 | -3 | -2 | -2 | -1 | -5 |

| 8  | 7  | 9  | 6  | 5  | 4  | 3  | 7  |
|----|----|----|----|----|----|----|----|
| -7 | -5 | -7 | -1 | -4 | -2 | -3 | -1 |

| 3  | 4  | 5  | 6  | 7  | 8  | 9  | 6  |
|----|----|----|----|----|----|----|----|
| -1 | -1 | -2 | -3 | -7 | -4 | -1 | -2 |

| 5  | 4  | 7  | 8  | 9  | 8  | 7  | 8  | 9  |
|----|----|----|----|----|----|----|----|----|
| -1 | -1 | -2 | -1 | -2 | -5 | -3 | -3 | -4 |

**Over:**
**43a**
**(Blank for practice)**

# SUBTRACTION PRACTICE TEST
## [2 MIN. 30 SEC.]

| 18<br>-9 | 14<br>-8 | 13<br>-7 | 11<br>-6 | 9<br>-5 | 7<br>-4 | 6<br>-4 | 4<br>-3 |
|---|---|---|---|---|---|---|---|
| 4<br>-2 | 6<br>-3 | 5<br>-4 | 10<br>-5 | 12<br>-6 | 11<br>-7 | 13<br>-8 | 17<br>-9 |
| 9<br>-6 | 8<br>-5 | 12<br>-7 | 8<br>-8 | 14<br>-9 | 5<br>-3 | 11<br>-9 | 8<br>-7 |
| 16<br>-9 | 10<br>-8 | 14<br>-7 | 8<br>-6 | 6<br>-5 | 8<br>-4 | 3<br>-3 | 13<br>-9 |
| 10<br>-9 | 9<br>-8 | 15<br>-9 | 10<br>-7 | 4<br>-4 | 7<br>-5 | 6<br>-6 | 12<br>-8 |
| 12<br>-9 | 16<br>-8 | 9<br>-7 | 7<br>-6 | 5<br>-5 | 9<br>-9 | 15<br>-8 | 7<br>-7 |
| 11<br>-8 | 10<br>-6 | | | | | | |

Over:
44a
(Blank for practice)

# SUBTRACTION PRACTICE TEST
## [2 MIN. 30 SEC.]

| 18  | 14  | 13  | 11  | 9   | 7   | 6   | 4   |
|-----|-----|-----|-----|-----|-----|-----|-----|
| -9  | -8  | -7  | -6  | -5  | -4  | -4  | -3  |

| 4   | 6   | 5   | 10  | 12  | 11  | 13  | 17  |
|-----|-----|-----|-----|-----|-----|-----|-----|
| -2  | -3  | -4  | -5  | -6  | -7  | -8  | -9  |

| 9   | 8   | 12  | 8   | 14  | 5   | 11  | 8   |
|-----|-----|-----|-----|-----|-----|-----|-----|
| -6  | -5  | -7  | -8  | -9  | -3  | -9  | -7  |

| 16  | 10  | 14  | 8   | 6   | 8   | 3   | 13  |
|-----|-----|-----|-----|-----|-----|-----|-----|
| -9  | -8  | -7  | -6  | -5  | -4  | -3  | -9  |

| 10  | 9   | 15  | 10  | 4   | 7   | 6   | 12  |
|-----|-----|-----|-----|-----|-----|-----|-----|
| -9  | -8  | -9  | -7  | -4  | -5  | -6  | -8  |

| 12  | 16  | 9   | 7   | 5   | 9   | 15  | 7   |
|-----|-----|-----|-----|-----|-----|-----|-----|
| -9  | -8  | -7  | -6  | -5  | -9  | -8  | -7  |

| 11  | 10  |
|-----|-----|
| -8  | -6  |

Over:
45a
(Blank for practice)

# SUBTRACTION PRACTICE TEST
## [2 MIN. 30 SEC.]

| 18 | 14 | 13 | 11 | 9 | 7 | 6 | 4 |
|----|----|----|----|----|----|----|----|
| -9 | -8 | -7 | -6 | -5 | -4 | -4 | -3 |

| 4 | 6 | 5 | 10 | 12 | 11 | 13 | 17 |
|----|----|----|----|----|----|----|----|
| -2 | -3 | -4 | -5 | -6 | -7 | -8 | -9 |

| 9 | 8 | 12 | 8 | 14 | 5 | 11 | 8 |
|----|----|----|----|----|----|----|----|
| -6 | -5 | -7 | -8 | -9 | -3 | -9 | -7 |

| 16 | 10 | 14 | 8 | 6 | 8 | 3 | 13 |
|----|----|----|----|----|----|----|----|
| -9 | -8 | -7 | -6 | -5 | -4 | -3 | -9 |

| 10 | 9 | 15 | 10 | 4 | 7 | 6 | 12 |
|----|----|----|----|----|----|----|----|
| -9 | -8 | -9 | -7 | -4 | -5 | -6 | -8 |

| 12 | 16 | 9 | 7 | 5 | 9 | 15 | 7 |
|----|----|----|----|----|----|----|----|
| -9 | -8 | -7 | -6 | -5 | -9 | -8 | -7 |

| 11 | 10 |
|----|----|
| -8 | -6 |

Over:
46a
(Blank for practice)

These exercises are from pages 220 and 221. 

ADDITION = +

| | | | | | | | | | | |
|---|---|---|---|---|---|---|---|---|---|---|
| 1 | 1 | 1 | 2 | 1 | 1 | 3 | 1 | 1 | 4 | 1 |
| 1 | 1 | 2 | 1 | 1 | 3 | 1 | 1 | 4 | 1 | 1 |
| 1 | 2 | 1 | 1 | 3 | 1 | 1 | 4 | 1 | 1 | 5 |

| | | | | | | | | | | |
|---|---|---|---|---|---|---|---|---|---|---|
| 1 | 1 | 5 | 1 | 1 | 6 | 1 | 1 | 7 | 1 | 1 |
| 1 | 5 | 1 | 1 | 6 | 1 | 1 | 7 | 1 | 1 | 8 |
| 5 | 1 | 1 | 6 | 1 | 1 | 7 | 1 | 1 | 8 | 1 |

| | | | | | | | | | | |
|---|---|---|---|---|---|---|---|---|---|---|
| 8 | 1 | 2 | 2 | 1 | 1 | 2 | 2 | 3 | 3 | 1 |
| 1 | 2 | 1 | 2 | 2 | 3 | 1 | 3 | 1 | 2 | 2 |
| 1 | 2 | 2 | 1 | 3 | 2 | 3 | 1 | 2 | 1 | 4 |

| | | | | | | | | | | |
|---|---|---|---|---|---|---|---|---|---|---|
| 1 | 2 | 2 | 4 | 4 | 1 | 1 | 2 | 2 | 5 | 5 |
| 4 | 1 | 4 | 1 | 2 | 2 | 5 | 1 | 5 | 1 | 2 |
| 2 | 4 | 1 | 2 | 1 | 5 | 2 | 5 | 1 | 2 | 1 |

| | | | | | | | | | | |
|---|---|---|---|---|---|---|---|---|---|---|
| 1 | 1 | 2 | 2 | 6 | 6 | 1 | 1 | 2 | 2 | 7 |
| 2 | 6 | 1 | 6 | 1 | 2 | 2 | 7 | 1 | 7 | 1 |
| 6 | 2 | 6 | 1 | 2 | 1 | 7 | 2 | 7 | 1 | 2 |

| | | | | | | | | | | | |
|---|---|---|---|---|---|---|---|---|---|---|---|
| 7 | 1 | 3 | 3 | 1 | 1 | 3 | 3 | 4 | 4 | 1 | 1 |
| 2 | 3 | 1 | 3 | 3 | 4 | 1 | 4 | 1 | 3 | 3 | 5 |
| 1 | 3 | 3 | 1 | 4 | 3 | 4 | 1 | 3 | 1 | 5 | 3 |

| | | | | | | | | | | |
|---|---|---|---|---|---|---|---|---|---|---|
| 3 | 3 | 5 | 5 | 1 | 1 | 3 | 3 | 6 | 6 | 1 |
| 1 | 5 | 1 | 3 | 3 | 6 | 1 | 6 | 1 | 3 | 4 |
| 5 | 1 | 3 | 1 | 6 | 3 | 6 | 1 | 3 | 1 | 4 |

These exercises are from pages 220 and 221.

ADDITION = +

```
 1    1    1    2    1    1    3    1    1    4    1
 1    1    2    1    1    3    1    1    4    1    1
 1    2    1    1    3    1    1    4    1    1    5


 1    1    5    1    1    6    1    1    7    1    1
 1    5    1    1    6    1    1    7    1    1    8
 5    1    1    6    1    1    7    1    1    8    1


 8    1    2    2    1    1    2    2    3    3    1
 1    2    1    2    2    3    1    3    1    2    2
 1    2    2    1    3    2    3    1    2    1    4


 1    2    2    4    4    1    1    2    2    5    5
 4    1    4    1    2    2    5    1    5    1    2
 2    4    1    2    1    5    2    5    1    2    1


 1    1    2    2    6    6    1    1    2    2    7
 2    6    1    6    1    2    2    7    1    7    1
 6    2    6    1    2    1    7    2    7    1    2


 7    1    3    3    1    1    3    3    4    4    1    1
 2    3    1    3    3    4    1    4    1    3    3    5
 1    3    3    1    4    3    4    1    3    1    5    3


 3    3    5    5    1    1    3    3    6    6    1
 1    5    1    3    3    6    1    6    1    3    4
 5    1    3    1    6    3    6    1    3    1    4
```

These exercises are from pages 220 and 221.

ADDITION = +

| | | | | | | | | | | |
|---|---|---|---|---|---|---|---|---|---|---|
| 1 | 1 | 1 | 2 | 1 | 1 | 3 | 1 | 1 | 4 | 1 |
| 1 | 1 | 2 | 1 | 1 | 3 | 1 | 1 | 4 | 1 | 1 |
| 1 | 2 | 1 | 1 | 3 | 1 | 1 | 4 | 1 | 1 | 5 |

| | | | | | | | | | | |
|---|---|---|---|---|---|---|---|---|---|---|
| 1 | 1 | 5 | 1 | 1 | 6 | 1 | 1 | 7 | 1 | 1 |
| 1 | 5 | 1 | 1 | 6 | 1 | 1 | 7 | 1 | 1 | 8 |
| 5 | 1 | 1 | 6 | 1 | 1 | 7 | 1 | 1 | 8 | 1 |

| | | | | | | | | | | |
|---|---|---|---|---|---|---|---|---|---|---|
| 8 | 1 | 2 | 2 | 1 | 1 | 2 | 2 | 3 | 3 | 1 |
| 1 | 2 | 1 | 2 | 2 | 3 | 1 | 3 | 1 | 2 | 2 |
| 1 | 2 | 2 | 1 | 3 | 2 | 3 | 1 | 2 | 1 | 4 |

| | | | | | | | | | | |
|---|---|---|---|---|---|---|---|---|---|---|
| 1 | 2 | 2 | 4 | 4 | 1 | 1 | 2 | 2 | 5 | 5 |
| 4 | 1 | 4 | 1 | 2 | 2 | 5 | 1 | 5 | 1 | 2 |
| 2 | 4 | 1 | 2 | 1 | 5 | 2 | 5 | 1 | 2 | 1 |

| | | | | | | | | | | |
|---|---|---|---|---|---|---|---|---|---|---|
| 1 | 1 | 2 | 2 | 6 | 6 | 1 | 1 | 2 | 2 | 7 |
| 2 | 6 | 1 | 6 | 1 | 2 | 2 | 7 | 1 | 7 | 1 |
| 6 | 2 | 6 | 1 | 2 | 1 | 7 | 2 | 7 | 1 | 2 |

| | | | | | | | | | | | |
|---|---|---|---|---|---|---|---|---|---|---|---|
| 7 | 1 | 3 | 3 | 1 | 1 | 3 | 3 | 4 | 4 | 1 | 1 |
| 2 | 3 | 1 | 3 | 3 | 4 | 1 | 4 | 1 | 3 | 3 | 5 |
| 1 | 3 | 3 | 1 | 4 | 3 | 4 | 1 | 3 | 1 | 5 | 3 |

| | | | | | | | | | | |
|---|---|---|---|---|---|---|---|---|---|---|
| 3 | 3 | 5 | 5 | 1 | 1 | 3 | 3 | 6 | 6 | 1 |
| 1 | 5 | 1 | 3 | 3 | 6 | 1 | 6 | 1 | 3 | 4 |
| 5 | 1 | 3 | 1 | 6 | 3 | 6 | 1 | 3 | 1 | 4 |

These exercises are from page 221 and page 222.

ADDITION = +

| | | | | | | | | | | |
|---|---|---|---|---|---|---|---|---|---|---|
| 4 | 4 | 1 | 1 | 4 | 4 | 5 | 5 | 2 | 2 | 2 |
| 1 | 4 | 4 | 5 | 1 | 5 | 1 | 4 | 2 | 2 | 3 |
| 4 | 1 | 5 | 4 | 5 | 1 | 4 | 1 | 2 | 3 | 2 |

| | | | | | | | | | | |
|---|---|---|---|---|---|---|---|---|---|---|
| 3 | 2 | 3 | 4 | 2 | 2 | 5 | 2 | 2 | 6 | 2 |
| 2 | 2 | 4 | 2 | 2 | 5 | 2 | 2 | 6 | 2 | 3 |
| 2 | 4 | 2 | 2 | 5 | 2 | 2 | 6 | 2 | 2 | 3 |

| | | | | | | | | | | |
|---|---|---|---|---|---|---|---|---|---|---|
| 3 | 3 | 2 | 2 | 3 | 3 | 4 | 4 | 2 | 2 | 3 |
| 2 | 4 | 2 | 3 | 3 | 5 | 2 | 3 | 3 | 5 | 2 |
| 4 | 2 | 3 | 2 | 5 | 3 | 5 | 2 | 3 | 2 | 5 |

| | | | | | | | | | |
|---|---|---|---|---|---|---|---|---|---|
| 3 | 5 | 5 | 2 | 4 | 4 | 3 | 3 | 3 | 4 |
| 5 | 2 | 3 | 4 | 2 | 4 | 3 | 3 | 4 | 3 |
| 2 | 3 | 2 | 4 | 4 | 2 | 3 | 4 | 3 | 3 |

| | | | | | | | | | | |
|---|---|---|---|---|---|---|---|---|---|---|
| 1 | 1 | 1 | 1 | 1 | 1 | 1 | 1 | 1 | 1 | 1 |
| 1 | 2 | 2 | 3 | 3 | 3 | 4 | 4 | 4 | 4 | 5 |
| 9 | 8 | 9 | 7 | 8 | 9 | 6 | 7 | 8 | 9 | 5 |

| | | | | | | | | | | |
|---|---|---|---|---|---|---|---|---|---|---|
| 1 | 1 | 1 | 1 | 1 | 1 | 1 | 1 | 1 | 1 | 1 |
| 5 | 5 | 5 | 5 | 6 | 6 | 6 | 6 | 7 | 7 | 7 |
| 6 | 7 | 8 | 9 | 6 | 7 | 8 | 9 | 7 | 8 | 9 |

| | | | | | | | | | | |
|---|---|---|---|---|---|---|---|---|---|---|
| 1 | 1 | 2 | 2 | 2 | 2 | 2 | 2 | 2 | 2 | 2 |
| 8 | 8 | 2 | 2 | 2 | 3 | 3 | 3 | 3 | 4 | 4 |
| 8 | 9 | 7 | 8 | 9 | 6 | 7 | 8 | 9 | 5 | 6 |

These exercises are from page 221 and page 222.

ADDITION = +

| | | | | | | | | | | |
|---|---|---|---|---|---|---|---|---|---|---|
| 4 | 4 | 1 | 1 | 4 | 4 | 5 | 5 | 2 | 2 | 2 |
| 1 | 4 | 4 | 5 | 1 | 5 | 1 | 4 | 2 | 2 | 3 |
| 4 | 1 | 5 | 4 | 5 | 1 | 4 | 1 | 2 | 3 | 2 |

| | | | | | | | | | | |
|---|---|---|---|---|---|---|---|---|---|---|
| 3 | 2 | 3 | 4 | 2 | 2 | 5 | 2 | 2 | 6 | 2 |
| 2 | 2 | 4 | 2 | 2 | 5 | 2 | 2 | 6 | 2 | 3 |
| 2 | 4 | 2 | 2 | 5 | 2 | 2 | 6 | 2 | 2 | 3 |

| | | | | | | | | | | |
|---|---|---|---|---|---|---|---|---|---|---|
| 3 | 3 | 2 | 2 | 3 | 3 | 4 | 4 | 2 | 2 | 3 |
| 2 | 4 | 2 | 3 | 3 | 5 | 2 | 3 | 3 | 5 | 2 |
| 4 | 2 | 3 | 2 | 5 | 3 | 5 | 2 | 3 | 2 | 5 |

| | | | | | | | | | |
|---|---|---|---|---|---|---|---|---|---|
| 3 | 5 | 5 | 2 | 4 | 4 | 3 | 3 | 3 | 4 |
| 5 | 2 | 3 | 4 | 2 | 4 | 3 | 3 | 4 | 3 |
| 2 | 3 | 2 | 4 | 4 | 2 | 3 | 4 | 3 | 3 |

| | | | | | | | | | | |
|---|---|---|---|---|---|---|---|---|---|---|
| 1 | 1 | 1 | 1 | 1 | 1 | 1 | 1 | 1 | 1 | 1 |
| 1 | 2 | 2 | 3 | 3 | 3 | 4 | 4 | 4 | 4 | 5 |
| 9 | 8 | 9 | 7 | 8 | 9 | 6 | 7 | 8 | 9 | 5 |

| | | | | | | | | | | |
|---|---|---|---|---|---|---|---|---|---|---|
| 1 | 1 | 1 | 1 | 1 | 1 | 1 | 1 | 1 | 1 | 1 |
| 5 | 5 | 5 | 5 | 6 | 6 | 6 | 6 | 7 | 7 | 7 |
| 6 | 7 | 8 | 9 | 6 | 7 | 8 | 9 | 7 | 8 | 9 |

| | | | | | | | | | | |
|---|---|---|---|---|---|---|---|---|---|---|
| 1 | 1 | 2 | 2 | 2 | 2 | 2 | 2 | 2 | 2 | 2 |
| 8 | 8 | 2 | 2 | 2 | 3 | 3 | 3 | 3 | 4 | 4 |
| 8 | 9 | 7 | 8 | 9 | 6 | 7 | 8 | 9 | 5 | 6 |

These exercises are from page 221 and page 222.

ADDITION = +

```
 4   4   1   1   4   4   5   5   2   2   2
 1   4   4   5   1   5   1   4   2   2   3
 4   1   5   4   5   1   4   1   2   3   2


 3   2   3   4   2   2   5   2   2   6   2
 2   2   4   2   2   5   2   2   6   2   3
 2   4   2   2   5   2   2   6   2   2   3


 3   3   2   2   3   3   4   4   2   2   3
 2   4   2   3   3   5   2   3   3   5   2
 4   2   3   2   5   3   5   2   3   2   5


 3   5   5   2   4   4   3   3   3   4
 5   2   3   4   2   4   3   3   4   3
 2   3   2   4   4   2   3   4   3   3


 1   1   1   1   1   1   1   1   1   1   1
 1   2   2   3   3   3   4   4   4   4   5
 9   8   9   7   8   9   6   7   8   9   5


 1   1   1   1   1   1   1   1   1   1   1
 5   5   5   5   6   6   6   6   7   7   7
 6   7   8   9   6   7   8   9   7   8   9


 1   1   2   2   2   2   2   2   2   2   2
 8   8   2   2   2   3   3   3   3   4   4
 8   9   7   8   9   6   7   8   9   5   6
```

ADDITION exercises continued from page 222.

```
 2    2    2    2    2    2    2    2    2    2    2
 4    4    4    5    5    5    5    5    6    6    6
 7    8    9    5    6    7    8    9    6    7    8

 2    2    2    2    3    3    3    3    3    3    3
 6    7    7    7    3    3    3    3    3    4    4
 9    7    8    9    5    6    7    8    9    4    5

 3    3    3    3    3    3    3    3    3    3    3
 4    4    4    4    5    5    5    5    5    6    6
 6    7    8    9    5    6    7    8    9    6    7

 3    3    4    4    4    4    4    4    4    4    4
 6    6    4    4    4    4    4    4    5    5    5
 8    9    4    5    6    7    8    9    5    6    7

 4    4
 5    5
 8    9
```

---

Additions from page 223.

```
 3   13   23   33        7   47   67   87
 4    4    4    4        2    2    2    2

 4   14   24   34        6   36   56   76
 5    5    5    5        3    3    3    3

 2   12   22   32        3   13   43   93
 8    8    8    8        5    5    5    5
```

ADDITION exercises continued from page 222.

| | | | | | | | | | | |
|---|---|---|---|---|---|---|---|---|---|---|
| 2 | 2 | 2 | 2 | 2 | 2 | 2 | 2 | 2 | 2 | 2 |
| 4 | 4 | 4 | 5 | 5 | 5 | 5 | 5 | 6 | 6 | 6 |
| 7 | 8 | 9 | 5 | 6 | 7 | 8 | 9 | 6 | 7 | 8 |

| | | | | | | | | | | |
|---|---|---|---|---|---|---|---|---|---|---|
| 2 | 2 | 2 | 2 | 3 | 3 | 3 | 3 | 3 | 3 | 3 |
| 6 | 7 | 7 | 7 | 3 | 3 | 3 | 3 | 3 | 4 | 4 |
| 9 | 7 | 8 | 9 | 5 | 6 | 7 | 8 | 9 | 4 | 5 |

| | | | | | | | | | | |
|---|---|---|---|---|---|---|---|---|---|---|
| 3 | 3 | 3 | 3 | 3 | 3 | 3 | 3 | 3 | 3 | 3 |
| 4 | 4 | 4 | 4 | 5 | 5 | 5 | 5 | 5 | 6 | 6 |
| 6 | 7 | 8 | 9 | 5 | 6 | 7 | 8 | 9 | 6 | 7 |

| | | | | | | | | | | |
|---|---|---|---|---|---|---|---|---|---|---|
| 3 | 3 | 4 | 4 | 4 | 4 | 4 | 4 | 4 | 4 | 4 |
| 6 | 6 | 4 | 4 | 4 | 4 | 4 | 4 | 5 | 5 | 5 |
| 8 | 9 | 4 | 5 | 6 | 7 | 8 | 9 | 5 | 6 | 7 |

| | |
|---|---|
| 4 | 4 |
| 5 | 5 |
| 8 | 9 |

---

Additions from page 223.

| | | | | | | | |
|---|---|---|---|---|---|---|---|
| 3 | 13 | 23 | 33 | 7 | 47 | 67 | 87 |
| 4 | 4 | 4 | 4 | 2 | 2 | 2 | 2 |

| | | | | | | | |
|---|---|---|---|---|---|---|---|
| 4 | 14 | 24 | 34 | 6 | 36 | 56 | 76 |
| 5 | 5 | 5 | 5 | 3 | 3 | 3 | 3 |

| | | | | | | | |
|---|---|---|---|---|---|---|---|
| 2 | 12 | 22 | 32 | 3 | 13 | 43 | 93 |
| 8 | 8 | 8 | 8 | 5 | 5 | 5 | 5 |

ADDITION exercises continued from page 222.

| 2 | 2 | 2 | 2 | 2 | 2 | 2 | 2 | 2 | 2 | 2 |
|---|---|---|---|---|---|---|---|---|---|---|
| 4 | 4 | 4 | 5 | 5 | 5 | 5 | 5 | 6 | 6 | 6 |
| 7 | 8 | 9 | 5 | 6 | 7 | 8 | 9 | 6 | 7 | 8 |

| 2 | 2 | 2 | 2 | 3 | 3 | 3 | 3 | 3 | 3 | 3 |
|---|---|---|---|---|---|---|---|---|---|---|
| 6 | 7 | 7 | 7 | 3 | 3 | 3 | 3 | 3 | 4 | 4 |
| 9 | 7 | 8 | 9 | 5 | 6 | 7 | 8 | 9 | 4 | 5 |

| 3 | 3 | 3 | 3 | 3 | 3 | 3 | 3 | 3 | 3 | 3 |
|---|---|---|---|---|---|---|---|---|---|---|
| 4 | 4 | 4 | 4 | 5 | 5 | 5 | 5 | 5 | 6 | 6 |
| 6 | 7 | 8 | 9 | 5 | 6 | 7 | 8 | 9 | 6 | 7 |

| 3 | 3 | 4 | 4 | 4 | 4 | 4 | 4 | 4 | 4 | 4 |
|---|---|---|---|---|---|---|---|---|---|---|
| 6 | 6 | 4 | 4 | 4 | 4 | 4 | 4 | 5 | 5 | 5 |
| 8 | 9 | 4 | 5 | 6 | 7 | 8 | 9 | 5 | 6 | 7 |

| 4 | 4 |
|---|---|
| 5 | 5 |
| 8 | 9 |

---

Additions from page 223.

| 3 | 13 | 23 | 33 | | 7 | 47 | 67 | 87 |
|---|----|----|----|--|---|----|----|----|
| 4 | 4  | 4  | 4  | | 2 | 2  | 2  | 2  |

| 4 | 14 | 24 | 34 | | 6 | 36 | 56 | 76 |
|---|----|----|----|--|---|----|----|----|
| 5 | 5  | 5  | 5  | | 3 | 3  | 3  | 3  |

| 2 | 12 | 22 | 32 | | 3 | 13 | 43 | 93 |
|---|----|----|----|--|---|----|----|----|
| 8 | 8  | 8  | 8  | | 5 | 5  | 5  | 5  |

These exercises are from pages 224 and 225.

## ADDITION = +

| 9 | 19 | 29 | 39 | 49 | 59 | 69 | 79 | 89 |
|---|----|----|----|----|----|----|----|----|
| +2 | +2 | +2 | +2 | +2 | +2 | +2 | +2 | +2 |

| 8 | 18 | 28 | 38 | 48 | 58 | 68 | 78 | 88 |
|---|----|----|----|----|----|----|----|----|
| +3 | +3 | +3 | +3 | +3 | +3 | +3 | +3 | +3 |

| 7 | 17 | 27 | 37 | 47 | 57 | 67 | 77 | 87 |
|---|----|----|----|----|----|----|----|----|
| +4 | +4 | +4 | +4 | +4 | +4 | +4 | +4 | +4 |

| 6 | 16 | 26 | 36 | 46 | 56 | 66 | 76 | 86 |
|---|----|----|----|----|----|----|----|----|
| +5 | +5 | +5 | +5 | +5 | +5 | +5 | +5 | +5 |

| 5 | 15 | 25 | 35 | 45 | 55 | 65 | 75 | 85 |
|---|----|----|----|----|----|----|----|----|
| +6 | +6 | +6 | +6 | +6 | +6 | +6 | +6 | +6 |

| 4 | 14 | 24 | 34 | 44 | 54 | 64 | 74 | 84 |
|---|----|----|----|----|----|----|----|----|
| +7 | +7 | +7 | +7 | +7 | +7 | +7 | +7 | +7 |

| 3 | 13 | 23 | 33 | 43 | 53 | 63 | 73 | 83 |
|---|----|----|----|----|----|----|----|----|
| +8 | +8 | +8 | +8 | +8 | +8 | +8 | +8 | +8 |

| 2 | 12 | 22 | 32 | 42 | 52 | 62 | 72 | 82 |
|---|----|----|----|----|----|----|----|----|
| +9 | +9 | +9 | +9 | +9 | +9 | +9 | +9 | +9 |

| 9 | 19 | 29 | 39 | 49 | 59 | 69 | 79 | 89 |
|---|----|----|----|----|----|----|----|----|
| +3 | +3 | +3 | +3 | +3 | +3 | +3 | +3 | +3 |

These exercises are from pages 224 and 225.

## ADDITION = +

| | | | | | | | | |
|---|---|---|---|---|---|---|---|---|
| 9<br>+2 | 19<br>+2 | 29<br>+2 | 39<br>+2 | 49<br>+2 | 59<br>+2 | 69<br>+2 | 79<br>+2 | 89<br>+2 |
| 8<br>+3 | 18<br>+3 | 28<br>+3 | 38<br>+3 | 48<br>+3 | 58<br>+3 | 68<br>+3 | 78<br>+3 | 88<br>+3 |
| 7<br>+4 | 17<br>+4 | 27<br>+4 | 37<br>+4 | 47<br>+4 | 57<br>+4 | 67<br>+4 | 77<br>+4 | 87<br>+4 |
| 6<br>+5 | 16<br>+5 | 26<br>+5 | 36<br>+5 | 46<br>+5 | 56<br>+5 | 66<br>+5 | 76<br>+5 | 86<br>+5 |
| 5<br>+6 | 15<br>+6 | 25<br>+6 | 35<br>+6 | 45<br>+6 | 55<br>+6 | 65<br>+6 | 75<br>+6 | 85<br>+6 |
| 4<br>+7 | 14<br>+7 | 24<br>+7 | 34<br>+7 | 44<br>+7 | 54<br>+7 | 64<br>+7 | 74<br>+7 | 84<br>+7 |
| 3<br>+8 | 13<br>+8 | 23<br>+8 | 33<br>+8 | 43<br>+8 | 53<br>+8 | 63<br>+8 | 73<br>+8 | 83<br>+8 |
| 2<br>+9 | 12<br>+9 | 22<br>+9 | 32<br>+9 | 42<br>+9 | 52<br>+9 | 62<br>+9 | 72<br>+9 | 82<br>+9 |
| 9<br>+3 | 19<br>+3 | 29<br>+3 | 39<br>+3 | 49<br>+3 | 59<br>+3 | 69<br>+3 | 79<br>+3 | 89<br>+3 |

These exercises are from pages 224 and 225.

## ADDITION = +

| 9 | 19 | 29 | 39 | 49 | 59 | 69 | 79 | 89 |
|---|----|----|----|----|----|----|----|----|
| +2 | +2 | +2 | +2 | +2 | +2 | +2 | +2 | +2 |

| 8 | 18 | 28 | 38 | 48 | 58 | 68 | 78 | 88 |
|---|----|----|----|----|----|----|----|----|
| +3 | +3 | +3 | +3 | +3 | +3 | +3 | +3 | +3 |

| 7 | 17 | 27 | 37 | 47 | 57 | 67 | 77 | 87 |
|---|----|----|----|----|----|----|----|----|
| +4 | +4 | +4 | +4 | +4 | +4 | +4 | +4 | +4 |

| 6 | 16 | 26 | 36 | 46 | 56 | 66 | 76 | 86 |
|---|----|----|----|----|----|----|----|----|
| +5 | +5 | +5 | +5 | +5 | +5 | +5 | +5 | +5 |

| 5 | 15 | 25 | 35 | 45 | 55 | 65 | 75 | 85 |
|---|----|----|----|----|----|----|----|----|
| +6 | +6 | +6 | +6 | +6 | +6 | +6 | +6 | +6 |

| 4 | 14 | 24 | 34 | 44 | 54 | 64 | 74 | 84 |
|---|----|----|----|----|----|----|----|----|
| +7 | +7 | +7 | +7 | +7 | +7 | +7 | +7 | +7 |

| 3 | 13 | 23 | 33 | 43 | 53 | 63 | 73 | 83 |
|---|----|----|----|----|----|----|----|----|
| +8 | +8 | +8 | +8 | +8 | +8 | +8 | +8 | +8 |

| 2 | 12 | 22 | 32 | 42 | 52 | 62 | 72 | 82 |
|---|----|----|----|----|----|----|----|----|
| +9 | +9 | +9 | +9 | +9 | +9 | +9 | +9 | +9 |

| 9 | 19 | 29 | 39 | 49 | 59 | 69 | 79 | 89 |
|---|----|----|----|----|----|----|----|----|
| +3 | +3 | +3 | +3 | +3 | +3 | +3 | +3 | +3 |

Exercises continued for pages 224 and 225.

| 8 | 18 | 28 | 38 | 48 | 58 | 68 | 78 | 88 |
|---|----|----|----|----|----|----|----|----|
| +4 | +4 | +4 | +4 | +4 | +4 | +4 | +4 | +4 |

| 7 | 17 | 27 | 37 | 47 | 57 | 67 | 77 | 87 |
|---|----|----|----|----|----|----|----|----|
| +5 | +5 | +5 | +5 | +5 | +5 | +5 | +5 | +5 |

## ADDITION exercises from pages 226 and 227.

| 3 | 13 | 23 | 33 | 43 | 53 | 63 | 73 | 83 |
|---|----|----|----|----|----|----|----|----|
| +9 | +9 | +9 | +9 | +9 | +9 | +9 | +9 | +9 |

| 9 | 19 | 29 | 39 | 49 | 59 | 69 | 79 | 89 |
|---|----|----|----|----|----|----|----|----|
| +4 | +4 | +4 | +4 | +4 | +4 | +4 | +4 | +4 |

| 8 | 18 | 28 | 38 | 48 | 58 | 68 | 78 | 88 |
|---|----|----|----|----|----|----|----|----|
| +5 | +5 | +5 | +5 | +5 | +5 | +5 | +5 | +5 |

| 7 | 17 | 27 | 37 | 47 | 57 | 67 | 77 | 87 |
|---|----|----|----|----|----|----|----|----|
| +6 | +6 | +6 | +6 | +6 | +6 | +6 | +6 | +6 |

| 6 | 16 | 26 | 36 | 46 | 56 | 66 | 76 | 86 |
|---|----|----|----|----|----|----|----|----|
| +7 | +7 | +7 | +7 | +7 | +7 | +7 | +7 | +7 |

| 5 | 15 | 25 | 35 | 45 | 55 | 65 | 75 | 85 |
|---|----|----|----|----|----|----|----|----|
| +8 | +8 | +8 | +8 | +8 | +8 | +8 | +8 | +8 |

| 4 | 14 | 24 | 34 | 44 | 54 | 64 | 74 | 84 |
|---|----|----|----|----|----|----|----|----|
| +9 | +9 | +9 | +9 | +9 | +9 | +9 | +9 | +9 |

Exercises continued for pages 224 and 225.

| 8 | 18 | 28 | 38 | 48 | 58 | 68 | 78 | 88 |
|---|---|---|---|---|---|---|---|---|
| +4 | +4 | +4 | +4 | +4 | +4 | +4 | +4 | +4 |

| 7 | 17 | 27 | 37 | 47 | 57 | 67 | 77 | 87 |
|---|---|---|---|---|---|---|---|---|
| +5 | +5 | +5 | +5 | +5 | +5 | +5 | +5 | +5 |

## ADDITION exercises from pages 226 and 227.

| 3 | 13 | 23 | 33 | 43 | 53 | 63 | 73 | 83 |
|---|---|---|---|---|---|---|---|---|
| +9 | +9 | +9 | +9 | +9 | +9 | +9 | +9 | +9 |

| 9 | 19 | 29 | 39 | 49 | 59 | 69 | 79 | 89 |
|---|---|---|---|---|---|---|---|---|
| +4 | +4 | +4 | +4 | +4 | +4 | +4 | +4 | +4 |

| 8 | 18 | 28 | 38 | 48 | 58 | 68 | 78 | 88 |
|---|---|---|---|---|---|---|---|---|
| +5 | +5 | +5 | +5 | +5 | +5 | +5 | +5 | +5 |

| 7 | 17 | 27 | 37 | 47 | 57 | 67 | 77 | 87 |
|---|---|---|---|---|---|---|---|---|
| +6 | +6 | +6 | +6 | +6 | +6 | +6 | +6 | +6 |

| 6 | 16 | 26 | 36 | 46 | 56 | 66 | 76 | 86 |
|---|---|---|---|---|---|---|---|---|
| +7 | +7 | +7 | +7 | +7 | +7 | +7 | +7 | +7 |

| 5 | 15 | 25 | 35 | 45 | 55 | 65 | 75 | 85 |
|---|---|---|---|---|---|---|---|---|
| +8 | +8 | +8 | +8 | +8 | +8 | +8 | +8 | +8 |

| 4 | 14 | 24 | 34 | 44 | 54 | 64 | 74 | 84 |
|---|---|---|---|---|---|---|---|---|
| +9 | +9 | +9 | +9 | +9 | +9 | +9 | +9 | +9 |

Exercises continued for pages 224 and 225.

| 8 | 18 | 28 | 38 | 48 | 58 | 68 | 78 | 88 |
|---|----|----|----|----|----|----|----|----|
| +4 | +4 | +4 | +4 | +4 | +4 | +4 | +4 | +4 |

| 7 | 17 | 27 | 37 | 47 | 57 | 67 | 77 | 87 |
|---|----|----|----|----|----|----|----|----|
| +5 | +5 | +5 | +5 | +5 | +5 | +5 | +5 | +5 |

## ADDITION exercises from pages 226 and 227.

| 3 | 13 | 23 | 33 | 43 | 53 | 63 | 73 | 83 |
|---|----|----|----|----|----|----|----|----|
| +9 | +9 | +9 | +9 | +9 | +9 | +9 | +9 | +9 |

| 9 | 19 | 29 | 39 | 49 | 59 | 69 | 79 | 89 |
|---|----|----|----|----|----|----|----|----|
| +4 | +4 | +4 | +4 | +4 | +4 | +4 | +4 | +4 |

| 8 | 18 | 28 | 38 | 48 | 58 | 68 | 78 | 88 |
|---|----|----|----|----|----|----|----|----|
| +5 | +5 | +5 | +5 | +5 | +5 | +5 | +5 | +5 |

| 7 | 17 | 27 | 37 | 47 | 57 | 67 | 77 | 87 |
|---|----|----|----|----|----|----|----|----|
| +6 | +6 | +6 | +6 | +6 | +6 | +6 | +6 | +6 |

| 6 | 16 | 26 | 36 | 46 | 56 | 66 | 76 | 86 |
|---|----|----|----|----|----|----|----|----|
| +7 | +7 | +7 | +7 | +7 | +7 | +7 | +7 | +7 |

| 5 | 15 | 25 | 35 | 45 | 55 | 65 | 75 | 85 |
|---|----|----|----|----|----|----|----|----|
| +8 | +8 | +8 | +8 | +8 | +8 | +8 | +8 | +8 |

| 4 | 14 | 24 | 34 | 44 | 54 | 64 | 74 | 84 |
|---|----|----|----|----|----|----|----|----|
| +9 | +9 | +9 | +9 | +9 | +9 | +9 | +9 | +9 |

Continued exercises from pages 226 and 227.

| 9 | 19 | 29 | 39 | 49 | 59 | 69 | 79 | 89 |
|---|----|----|----|----|----|----|----|----|
| +5 | +5 | +5 | +5 | +5 | +5 | +5 | +5 | +5 |

| 8 | 18 | 28 | 38 | 48 | 58 | 68 | 78 | 88 |
|---|----|----|----|----|----|----|----|----|
| +6 | +6 | +6 | +6 | +6 | +6 | +6 | +6 | +6 |

| 7 | 17 | 27 | 37 | 47 | 57 | 67 | 77 | 87 |
|---|----|----|----|----|----|----|----|----|
| +7 | +7 | +7 | +7 | +7 | +7 | +7 | +7 | +7 |

| 6 | 16 | 26 | 36 | 46 | 56 | 66 | 76 | 86 |
|---|----|----|----|----|----|----|----|----|
| +8 | +8 | +8 | +8 | +8 | +8 | +8 | +8 | +8 |

| 5 | 15 | 25 | 35 | 45 | 55 | 65 | 75 | 85 |
|---|----|----|----|----|----|----|----|----|
| +9 | +9 | +9 | +9 | +9 | +9 | +9 | +9 | +9 |

| 9 | 19 | 29 | 39 | 49 | 59 | 69 | 79 | 89 |
|---|----|----|----|----|----|----|----|----|
| +6 | +6 | +6 | +6 | +6 | +6 | +6 | +6 | +6 |

Continued exercises from pages 226 and 227.

| 9 | 19 | 29 | 39 | 49 | 59 | 69 | 79 | 89 |
|---|---|---|---|---|---|---|---|---|
| +5 | +5 | +5 | +5 | +5 | +5 | +5 | +5 | +5 |

| 8 | 18 | 28 | 38 | 48 | 58 | 68 | 78 | 88 |
|---|---|---|---|---|---|---|---|---|
| +6 | +6 | +6 | +6 | +6 | +6 | +6 | +6 | +6 |

| 7 | 17 | 27 | 37 | 47 | 57 | 67 | 77 | 87 |
|---|---|---|---|---|---|---|---|---|
| +7 | +7 | +7 | +7 | +7 | +7 | +7 | +7 | +7 |

| 6 | 16 | 26 | 36 | 46 | 56 | 66 | 76 | 86 |
|---|---|---|---|---|---|---|---|---|
| +8 | +8 | +8 | +8 | +8 | +8 | +8 | +8 | +8 |

| 5 | 15 | 25 | 35 | 45 | 55 | 65 | 75 | 85 |
|---|---|---|---|---|---|---|---|---|
| +9 | +9 | +9 | +9 | +9 | +9 | +9 | +9 | +9 |

| 9 | 19 | 29 | 39 | 49 | 59 | 69 | 79 | 89 |
|---|---|---|---|---|---|---|---|---|
| +6 | +6 | +6 | +6 | +6 | +6 | +6 | +6 | +6 |

Continued exercises from pages 226 and 227.

| 9 | 19 | 29 | 39 | 49 | 59 | 69 | 79 | 89 |
|---|----|----|----|----|----|----|----|----|
| +5 | +5 | +5 | +5 | +5 | +5 | +5 | +5 | +5 |

| 8 | 18 | 28 | 38 | 48 | 58 | 68 | 78 | 88 |
|---|----|----|----|----|----|----|----|----|
| +6 | +6 | +6 | +6 | +6 | +6 | +6 | +6 | +6 |

| 7 | 17 | 27 | 37 | 47 | 57 | 67 | 77 | 87 |
|---|----|----|----|----|----|----|----|----|
| +7 | +7 | +7 | +7 | +7 | +7 | +7 | +7 | +7 |

| 6 | 16 | 26 | 36 | 46 | 56 | 66 | 76 | 86 |
|---|----|----|----|----|----|----|----|----|
| +8 | +8 | +8 | +8 | +8 | +8 | +8 | +8 | +8 |

| 5 | 15 | 25 | 35 | 45 | 55 | 65 | 75 | 85 |
|---|----|----|----|----|----|----|----|----|
| +9 | +9 | +9 | +9 | +9 | +9 | +9 | +9 | +9 |

| 9 | 19 | 29 | 39 | 49 | 59 | 69 | 79 | 89 |
|---|----|----|----|----|----|----|----|----|
| +6 | +6 | +6 | +6 | +6 | +6 | +6 | +6 | +6 |

ADDITION exercises from page 227 and 228.

## ADDITION = +

| 8 | 18 | 28 | 38 | 48 | 58 | 68 | 78 | 88 |
|---|----|----|----|----|----|----|----|----|
| +7 | +7 | +7 | +7 | +7 | +7 | +7 | +7 | +7 |

| 7 | 17 | 27 | 37 | 47 | 57 | 67 | 77 | 87 |
|---|----|----|----|----|----|----|----|----|
| +8 | +8 | +8 | +8 | +8 | +8 | +8 | +8 | +8 |

| 6 | 16 | 26 | 36 | 46 | 56 | 66 | 76 | 86 |
|---|----|----|----|----|----|----|----|----|
| +9 | +9 | +9 | +9 | +9 | +9 | +9 | +9 | +9 |

| 9 | 19 | 29 | 39 | 49 | 59 | 69 | 79 | 89 |
|---|----|----|----|----|----|----|----|----|
| +7 | +7 | +7 | +7 | +7 | +7 | +7 | +7 | +7 |

| 8 | 18 | 28 | 38 | 48 | 58 | 68 | 78 | 88 |
|---|----|----|----|----|----|----|----|----|
| +8 | +8 | +8 | +8 | +8 | +8 | +8 | +8 | +8 |

| 7 | 17 | 27 | 37 | 47 | 57 | 67 | 77 | 87 |
|---|----|----|----|----|----|----|----|----|
| +9 | +9 | +9 | +9 | +9 | +9 | +9 | +9 | +9 |

| 9 | 19 | 29 | 39 | 49 | 59 | 69 | 79 | 89 |
|---|----|----|----|----|----|----|----|----|
| +8 | +8 | +8 | +8 | +8 | +8 | +8 | +8 | +8 |

| 8 | 18 | 28 | 38 | 48 | 58 | 68 | 78 |
|---|----|----|----|----|----|----|----|
| +9 | +9 | +9 | +9 | +9 | +9 | +9 | +9 |

ADDITION exercises from page 227 and 228.

## ADDITION = +

| 8 | 18 | 28 | 38 | 48 | 58 | 68 | 78 | 88 |
|---|----|----|----|----|----|----|----|----|
| +7 | +7 | +7 | +7 | +7 | +7 | +7 | +7 | +7 |

| 7 | 17 | 27 | 37 | 47 | 57 | 67 | 77 | 87 |
|---|----|----|----|----|----|----|----|----|
| +8 | +8 | +8 | +8 | +8 | +8 | +8 | +8 | +8 |

| 6 | 16 | 26 | 36 | 46 | 56 | 66 | 76 | 86 |
|---|----|----|----|----|----|----|----|----|
| +9 | +9 | +9 | +9 | +9 | +9 | +9 | +9 | +9 |

| 9 | 19 | 29 | 39 | 49 | 59 | 69 | 79 | 89 |
|---|----|----|----|----|----|----|----|----|
| +7 | +7 | +7 | +7 | +7 | +7 | +7 | +7 | +7 |

| 8 | 18 | 28 | 38 | 48 | 58 | 68 | 78 | 88 |
|---|----|----|----|----|----|----|----|----|
| +8 | +8 | +8 | +8 | +8 | +8 | +8 | +8 | +8 |

| 7 | 17 | 27 | 37 | 47 | 57 | 67 | 77 | 87 |
|---|----|----|----|----|----|----|----|----|
| +9 | +9 | +9 | +9 | +9 | +9 | +9 | +9 | +9 |

| 9 | 19 | 29 | 39 | 49 | 59 | 69 | 79 | 89 |
|---|----|----|----|----|----|----|----|----|
| +8 | +8 | +8 | +8 | +8 | +8 | +8 | +8 | +8 |

| 8 | 18 | 28 | 38 | 48 | 58 | 68 | 78 |
|---|----|----|----|----|----|----|----|
| +9 | +9 | +9 | +9 | +9 | +9 | +9 | +9 |

ADDITION exercises from page 227 and 228.

## ADDITION = +

| 8 | 18 | 28 | 38 | 48 | 58 | 68 | 78 | 88 |
|---|----|----|----|----|----|----|----|----|
| +7 | +7 | +7 | +7 | +7 | +7 | +7 | +7 | +7 |

| 7 | 17 | 27 | 37 | 47 | 57 | 67 | 77 | 87 |
|---|----|----|----|----|----|----|----|----|
| +8 | +8 | +8 | +8 | +8 | +8 | +8 | +8 | +8 |

| 6 | 16 | 26 | 36 | 46 | 56 | 66 | 76 | 86 |
|---|----|----|----|----|----|----|----|----|
| +9 | +9 | +9 | +9 | +9 | +9 | +9 | +9 | +9 |

| 9 | 19 | 29 | 39 | 49 | 59 | 69 | 79 | 89 |
|---|----|----|----|----|----|----|----|----|
| +7 | +7 | +7 | +7 | +7 | +7 | +7 | +7 | +7 |

| 8 | 18 | 28 | 38 | 48 | 58 | 68 | 78 | 88 |
|---|----|----|----|----|----|----|----|----|
| +8 | +8 | +8 | +8 | +8 | +8 | +8 | +8 | +8 |

| 7 | 17 | 27 | 37 | 47 | 57 | 67 | 77 | 87 |
|---|----|----|----|----|----|----|----|----|
| +9 | +9 | +9 | +9 | +9 | +9 | +9 | +9 | +9 |

| 9 | 19 | 29 | 39 | 49 | 59 | 69 | 79 | 89 |
|---|----|----|----|----|----|----|----|----|
| +8 | +8 | +8 | +8 | +8 | +8 | +8 | +8 | +8 |

| 8 | 18 | 28 | 38 | 48 | 58 | 68 | 78 |
|---|----|----|----|----|----|----|----|
| +9 | +9 | +9 | +9 | +9 | +9 | +9 | +9 |

These exercises are from page 228.

## ADDITION = +

| 9 | 19 | 29 | 39 | 49 | 59 | 69 | 79 | 89 |
|---|----|----|----|----|----|----|----|----|
| 7 | 7  | 7  | 7  | 7  | 7  | 7  | 7  | 7  |

| 8 | 18 | 28 | 38 | 48 | 58 | 68 | 78 | 88 |
|---|----|----|----|----|----|----|----|----|
| 8 | 8  | 8  | 8  | 8  | 8  | 8  | 8  | 8  |

| 7 | 17 | 27 | 37 | 47 | 57 | 67 | 77 | 87 |
|---|----|----|----|----|----|----|----|----|
| 9 | 9  | 9  | 9  | 9  | 9  | 9  | 9  | 9  |

| 9 | 19 | 29 | 39 | 49 | 59 | 69 | 79 | 89 |
|---|----|----|----|----|----|----|----|----|
| 8 | 8  | 8  | 8  | 8  | 8  | 8  | 8  | 8  |

| 8 | 18 | 28 | 38 | 48 | 58 | 68 | 78 | 88 |
|---|----|----|----|----|----|----|----|----|
| 9 | 9  | 9  | 9  | 9  | 9  | 9  | 9  | 9  |

| 9 | 19 | 29 | 39 | 49 | 59 | 69 | 79 | 89 |
|---|----|----|----|----|----|----|----|----|
| 9 | 9  | 9  | 9  | 9  | 9  | 9  | 9  | 9  |

| 9 | 9 | 9 | 9 | 9 | 9 | 9 | 9 |
|---|---|---|---|---|---|---|---|
| 2 | 3 | 4 | 5 | 6 | 7 | 8 | 9 |

| 19 | 19 | 19 | 19 | 19 | 19 | 19 | 19 |
|----|----|----|----|----|----|----|----|
| 2  | 3  | 4  | 5  | 6  | 7  | 8  | 9  |

| 29 | 29 | 29 | 29 | 29 | 29 | 29 | 29 |
|----|----|----|----|----|----|----|----|
| 2  | 3  | 4  | 5  | 6  | 7  | 8  | 9  |

These exercises are from page 228.

## ADDITION = +

| 9 | 19 | 29 | 39 | 49 | 59 | 69 | 79 | 89 |
|---|----|----|----|----|----|----|----|----|
| 7 | 7  | 7  | 7  | 7  | 7  | 7  | 7  | 7  |

| 8 | 18 | 28 | 38 | 48 | 58 | 68 | 78 | 88 |
|---|----|----|----|----|----|----|----|----|
| 8 | 8  | 8  | 8  | 8  | 8  | 8  | 8  | 8  |

| 7 | 17 | 27 | 37 | 47 | 57 | 67 | 77 | 87 |
|---|----|----|----|----|----|----|----|----|
| 9 | 9  | 9  | 9  | 9  | 9  | 9  | 9  | 9  |

| 9 | 19 | 29 | 39 | 49 | 59 | 69 | 79 | 89 |
|---|----|----|----|----|----|----|----|----|
| 8 | 8  | 8  | 8  | 8  | 8  | 8  | 8  | 8  |

| 8 | 18 | 28 | 38 | 48 | 58 | 68 | 78 | 88 |
|---|----|----|----|----|----|----|----|----|
| 9 | 9  | 9  | 9  | 9  | 9  | 9  | 9  | 9  |

| 9 | 19 | 29 | 39 | 49 | 59 | 69 | 79 | 89 |
|---|----|----|----|----|----|----|----|----|
| 9 | 9  | 9  | 9  | 9  | 9  | 9  | 9  | 9  |

| 9 | 9 | 9 | 9 | 9 | 9 | 9 | 9 |
|---|---|---|---|---|---|---|---|
| 2 | 3 | 4 | 5 | 6 | 7 | 8 | 9 |

| 19 | 19 | 19 | 19 | 19 | 19 | 19 | 19 |
|----|----|----|----|----|----|----|----|
| 2  | 3  | 4  | 5  | 6  | 7  | 8  | 9  |

| 29 | 29 | 29 | 29 | 29 | 29 | 29 | 29 |
|----|----|----|----|----|----|----|----|
| 2  | 3  | 4  | 5  | 6  | 7  | 8  | 9  |

These exercises are from page 228.

## ADDITION = +

| 9 | 19 | 29 | 39 | 49 | 59 | 69 | 79 | 89 |
|---|----|----|----|----|----|----|----|----|
| 7 | 7 | 7 | 7 | 7 | 7 | 7 | 7 | 7 |

| 8 | 18 | 28 | 38 | 48 | 58 | 68 | 78 | 88 |
|---|----|----|----|----|----|----|----|----|
| 8 | 8 | 8 | 8 | 8 | 8 | 8 | 8 | 8 |

| 7 | 17 | 27 | 37 | 47 | 57 | 67 | 77 | 87 |
|---|----|----|----|----|----|----|----|----|
| 9 | 9 | 9 | 9 | 9 | 9 | 9 | 9 | 9 |

| 9 | 19 | 29 | 39 | 49 | 59 | 69 | 79 | 89 |
|---|----|----|----|----|----|----|----|----|
| 8 | 8 | 8 | 8 | 8 | 8 | 8 | 8 | 8 |

| 8 | 18 | 28 | 38 | 48 | 58 | 68 | 78 | 88 |
|---|----|----|----|----|----|----|----|----|
| 9 | 9 | 9 | 9 | 9 | 9 | 9 | 9 | 9 |

| 9 | 19 | 29 | 39 | 49 | 59 | 69 | 79 | 89 |
|---|----|----|----|----|----|----|----|----|
| 9 | 9 | 9 | 9 | 9 | 9 | 9 | 9 | 9 |

| 9 | 9 | 9 | 9 | 9 | 9 | 9 | 9 |
|---|---|---|---|---|---|---|---|
| 2 | 3 | 4 | 5 | 6 | 7 | 8 | 9 |

| 19 | 19 | 19 | 19 | 19 | 19 | 19 | 19 |
|----|----|----|----|----|----|----|----|
| 2 | 3 | 4 | 5 | 6 | 7 | 8 | 9 |

| 29 | 29 | 29 | 29 | 29 | 29 | 29 | 29 |
|----|----|----|----|----|----|----|----|
| 2 | 3 | 4 | 5 | 6 | 7 | 8 | 9 |

Higher decade combinations in the teens from pages 229 and 230.

# ADDITION = +

| 2 | 3 | 2 | 2 | 2 | 6 | 5 | 3 | 3 |
|---|---|---|---|---|---|---|---|---|
| 3 | 3 | 4 | 1 | 2 | 1 | 2 | 5 | 6 |
| 5 | 5 | 5 | 8 | 7 | 3 | 6 | 7 | 4 |
| 5 | 8 | 5 | 2 | 1 | 6 | 4 | 3 | 4 |

| 2 | 2 | 2 | 1 | 8 | 5 | 6 | 4 | 2 |
|---|---|---|---|---|---|---|---|---|
| 6 | 8 | 1 | 3 | 1 | 4 | 3 | 4 | 3 |
| 3 | 1 | 8 | 6 | 2 | 8 | 6 | 8 | 7 |
| 5 | 8 | 4 | 3 | 7 | 1 | 3 | 1 | 2 |

| 3 | 3 | 1 | 7 | 5 | 4 | 1 | 5 | 4 |
|---|---|---|---|---|---|---|---|---|
| 1 | 3 | 4 | 2 | 1 | 5 | 6 | 2 | 3 |
| 7 | 8 | 5 | 4 | 5 | 7 | 3 | 9 | 7 |
| 2 | 1 | 4 | 5 | 4 | 2 | 9 | 2 | 2 |

Higher decade combinations in the twenties.

| 8 | 2 | 7 | 9 | 6 | 5 | 7 | 8 | 6 |
|---|---|---|---|---|---|---|---|---|
| 2 | 8 | 8 | 3 | 6 | 5 | 4 | 3 | 8 |
| 5 | 4 | 2 | 3 | 6 | 5 | 6 | 9 | 2 |
| 8 | 9 | 4 | 6 | 3 | 8 | 7 | 5 | 5 |

| 7 | 8 | 5 | 7 | 6 | 4 | 6 | 5 | 9 |
|---|---|---|---|---|---|---|---|---|
| 3 | 1 | 6 | 8 | 7 | 6 | 5 | 7 | 8 |
| 9 | 7 | 2 | 2 | 6 | 9 | 7 | 7 | 3 |
| 2 | 6 | 7 | 8 | 7 | 4 | 6 | 1 | 9 |

| 7 | 8 | 4 | 6 | 4 | 4 | 3 | 9 | 6 |
|---|---|---|---|---|---|---|---|---|
| 7 | 8 | 6 | 4 | 9 | 8 | 9 | 6 | 9 |
| 3 | 3 | 8 | 4 | 1 | 2 | 6 | 3 | 3 |
| 6 | 8 | 7 | 7 | 8 | 6 | 2 | 9 | 4 |

Higher decade combinations in the teens from pages 229 and 230.

## ADDITION = +

| | | | | | | | | |
|---|---|---|---|---|---|---|---|---|
| 2 | 3 | 2 | 2 | 2 | 6 | 5 | 3 | 3 |
| 3 | 3 | 4 | 1 | 2 | 1 | 2 | 5 | 6 |
| 5 | 5 | 5 | 8 | 7 | 3 | 6 | 7 | 4 |
| 5 | 8 | 5 | 2 | 1 | 6 | 4 | 3 | 4 |

| | | | | | | | | |
|---|---|---|---|---|---|---|---|---|
| 2 | 2 | 2 | 1 | 8 | 5 | 6 | 4 | 2 |
| 6 | 8 | 1 | 3 | 1 | 4 | 3 | 4 | 3 |
| 3 | 1 | 8 | 6 | 2 | 8 | 6 | 8 | 7 |
| 5 | 8 | 4 | 3 | 7 | 1 | 3 | 1 | 2 |

| | | | | | | | | |
|---|---|---|---|---|---|---|---|---|
| 3 | 3 | 1 | 7 | 5 | 4 | 1 | 5 | 4 |
| 1 | 3 | 4 | 2 | 1 | 5 | 6 | 2 | 3 |
| 7 | 8 | 5 | 4 | 5 | 7 | 3 | 9 | 7 |
| 2 | 1 | 4 | 5 | 4 | 2 | 9 | 2 | 2 |

Higher decade combinations in the twenties.

| | | | | | | | | |
|---|---|---|---|---|---|---|---|---|
| 8 | 2 | 7 | 9 | 6 | 5 | 7 | 8 | 6 |
| 2 | 8 | 8 | 3 | 6 | 5 | 4 | 3 | 8 |
| 5 | 4 | 2 | 3 | 6 | 5 | 6 | 9 | 2 |
| 8 | 9 | 4 | 6 | 3 | 8 | 7 | 5 | 5 |

| | | | | | | | | |
|---|---|---|---|---|---|---|---|---|
| 7 | 8 | 5 | 7 | 6 | 4 | 6 | 5 | 9 |
| 3 | 1 | 6 | 8 | 7 | 6 | 5 | 7 | 8 |
| 9 | 7 | 2 | 2 | 6 | 9 | 7 | 7 | 3 |
| 2 | 6 | 7 | 8 | 7 | 4 | 6 | 1 | 9 |

| | | | | | | | | |
|---|---|---|---|---|---|---|---|---|
| 7 | 8 | 4 | 6 | 4 | 4 | 3 | 9 | 6 |
| 7 | 8 | 6 | 4 | 9 | 8 | 9 | 6 | 9 |
| 3 | 3 | 8 | 4 | 1 | 2 | 6 | 3 | 3 |
| 6 | 8 | 7 | 7 | 8 | 6 | 2 | 9 | 4 |

Higher decade combinations in the teens from pages 229 and 230.

## ADDITION = +

| | | | | | | | | |
|---|---|---|---|---|---|---|---|---|
| 2 | 3 | 2 | 2 | 2 | 6 | 5 | 3 | 3 |
| 3 | 3 | 4 | 1 | 2 | 1 | 2 | 5 | 6 |
| 5 | 5 | 5 | 8 | 7 | 3 | 6 | 7 | 4 |
| 5 | 8 | 5 | 2 | 1 | 6 | 4 | 3 | 4 |

| | | | | | | | | |
|---|---|---|---|---|---|---|---|---|
| 2 | 2 | 2 | 1 | 8 | 5 | 6 | 4 | 2 |
| 6 | 8 | 1 | 3 | 1 | 4 | 3 | 4 | 3 |
| 3 | 1 | 8 | 6 | 2 | 8 | 6 | 8 | 7 |
| 5 | 8 | 4 | 3 | 7 | 1 | 3 | 1 | 2 |

| | | | | | | | | |
|---|---|---|---|---|---|---|---|---|
| 3 | 3 | 1 | 7 | 5 | 4 | 1 | 5 | 4 |
| 1 | 3 | 4 | 2 | 1 | 5 | 6 | 2 | 3 |
| 7 | 8 | 5 | 4 | 5 | 7 | 3 | 9 | 7 |
| 2 | 1 | 4 | 5 | 4 | 2 | 9 | 2 | 2 |

Higher decade combinations in the twenties.

| | | | | | | | | |
|---|---|---|---|---|---|---|---|---|
| 8 | 2 | 7 | 9 | 6 | 5 | 7 | 8 | 6 |
| 2 | 8 | 8 | 3 | 6 | 5 | 4 | 3 | 8 |
| 5 | 4 | 2 | 3 | 6 | 5 | 6 | 9 | 2 |
| 8 | 9 | 4 | 6 | 3 | 8 | 7 | 5 | 5 |

| | | | | | | | | |
|---|---|---|---|---|---|---|---|---|
| 7 | 8 | 5 | 7 | 6 | 4 | 6 | 5 | 9 |
| 3 | 1 | 6 | 8 | 7 | 6 | 5 | 7 | 8 |
| 9 | 7 | 2 | 2 | 6 | 9 | 7 | 7 | 3 |
| 2 | 6 | 7 | 8 | 7 | 4 | 6 | 1 | 9 |

| | | | | | | | | |
|---|---|---|---|---|---|---|---|---|
| 7 | 8 | 4 | 6 | 4 | 4 | 3 | 9 | 6 |
| 7 | 8 | 6 | 4 | 9 | 8 | 9 | 6 | 9 |
| 3 | 3 | 8 | 4 | 1 | 2 | 6 | 3 | 3 |
| 6 | 8 | 7 | 7 | 8 | 6 | 2 | 9 | 4 |

Higher decade combinations in the twenties with five numbers.
From page 231.

## ADDITION = +

| 8 | 9 | 6 | 7 | 9 | 8 | 4 | 7 | 5 |
|---|---|---|---|---|---|---|---|---|
| 4 | 2 | 6 | 4 | 6 | 3 | 7 | 7 | 8 |
| 3 | 5 | 7 | 2 | 2 | 1 | 7 | 3 | 1 |
| 7 | 4 | 4 | 9 | 9 | 6 | 7 | 3 | 8 |
| 3 | 8 | 2 | 5 | 3 | 2 | 2 | 6 | 4 |

| 3 | 8 | 6 | 8 | 3 | 7 | 9 | 5 | 9 |
|---|---|---|---|---|---|---|---|---|
| 7 | 3 | 5 | 3 | 2 | 6 | 9 | 4 | 8 |
| 2 | 8 | 7 | 1 | 9 | 3 | 1 | 6 | 2 |
| 8 | 3 | 3 | 9 | 7 | 8 | 6 | 5 | 5 |
| 4 | 3 | 4 | 6 | 6 | 3 | 3 | 8 | 2 |

| 7 | 8 | 4 | 6 | 4 | 4 | 9 | 4 | 8 |
|---|---|---|---|---|---|---|---|---|
| 7 | 8 | 6 | 4 | 9 | 8 | 3 | 8 | 7 |
| 3 | 3 | 8 | 4 | 1 | 2 | 1 | 5 | 1 |
| 6 | 8 | 7 | 7 | 8 | 6 | 8 | 6 | 3 |
| 2 | 1 | 3 | 2 | 6 | 5 | 7 | 4 | 9 |

<u>Use the space below to make up your own practice of higher decade additions, including some into the thirties.</u>

Higher decade combinations in the twenties with five numbers.
From page 231.

## ADDITION = +

| 8 | 9 | 6 | 7 | 9 | 8 | 4 | 7 | 5 |
|---|---|---|---|---|---|---|---|---|
| 4 | 2 | 6 | 4 | 6 | 3 | 7 | 7 | 8 |
| 3 | 5 | 7 | 2 | 2 | 1 | 7 | 3 | 1 |
| 7 | 4 | 4 | 9 | 9 | 6 | 7 | 3 | 8 |
| 3 | 8 | 2 | 5 | 3 | 2 | 2 | 6 | 4 |

| 3 | 8 | 6 | 8 | 3 | 7 | 9 | 5 | 9 |
|---|---|---|---|---|---|---|---|---|
| 7 | 3 | 5 | 3 | 2 | 6 | 9 | 4 | 8 |
| 2 | 8 | 7 | 1 | 9 | 3 | 1 | 6 | 2 |
| 8 | 3 | 3 | 9 | 7 | 8 | 6 | 5 | 5 |
| 4 | 3 | 4 | 6 | 6 | 3 | 3 | 8 | 2 |

| 7 | 8 | 4 | 6 | 4 | 4 | 9 | 4 | 8 |
|---|---|---|---|---|---|---|---|---|
| 7 | 8 | 6 | 4 | 9 | 8 | 3 | 8 | 7 |
| 3 | 3 | 8 | 4 | 1 | 2 | 1 | 5 | 1 |
| 6 | 8 | 7 | 7 | 8 | 6 | 8 | 6 | 3 |
| 2 | 1 | 3 | 2 | 6 | 5 | 7 | 4 | 9 |

<u>Use the space below to make up your own practice of higher decade additions, including some into the thirties.</u>

Higher decade combinations in the twenties with five numbers.
From page 231.

## ADDITION = +

| 8 | 9 | 6 | 7 | 9 | 8 | 4 | 7 | 5 |
|---|---|---|---|---|---|---|---|---|
| 4 | 2 | 6 | 4 | 6 | 3 | 7 | 7 | 8 |
| 3 | 5 | 7 | 2 | 2 | 1 | 7 | 3 | 1 |
| 7 | 4 | 4 | 9 | 9 | 6 | 7 | 3 | 8 |
| 3 | 8 | 2 | 5 | 3 | 2 | 2 | 6 | 4 |

| 3 | 8 | 6 | 8 | 3 | 7 | 9 | 5 | 9 |
|---|---|---|---|---|---|---|---|---|
| 7 | 3 | 5 | 3 | 2 | 6 | 9 | 4 | 8 |
| 2 | 8 | 7 | 1 | 9 | 3 | 1 | 6 | 2 |
| 8 | 3 | 3 | 9 | 7 | 8 | 6 | 5 | 5 |
| 4 | 3 | 4 | 6 | 6 | 3 | 3 | 8 | 2 |

| 7 | 8 | 4 | 6 | 4 | 4 | 9 | 4 | 8 |
|---|---|---|---|---|---|---|---|---|
| 7 | 8 | 6 | 4 | 9 | 8 | 3 | 8 | 7 |
| 3 | 3 | 8 | 4 | 1 | 2 | 1 | 5 | 1 |
| 6 | 8 | 7 | 7 | 8 | 6 | 8 | 6 | 3 |
| 2 | 1 | 3 | 2 | 6 | 5 | 7 | 4 | 9 |

Use the space below to make up your own practice of higher decade additions, including some into the thirties.

From pages 233 and 234.

Use these examples to demonstrate the place-value concept.

| 5 | | 3 | | 1 | 5 | | | 9 |
|---|---|---|---|---|---|---|---|---|
| 20 | 6 | 30 | 90 | 20 | 80 | 9 | 20 | 90 |
| 100 | 200 | 300 | 400 | 500 | 600 | 700 | 800 | 900 |

Step 23:

| 13 | 21 | 74 | 52 | 60 | 25 | 44 | 53 | 40 | 27 |
|----|----|----|----|----|----|----|----|----|----|
| 12 | 18 | 23 | 25 | 28 | 24 | 11 | 26 | 22 | 61 |

| 49 | 120 | 302 | 625 | 550 | 921 | 256 | 137 |
|----|-----|-----|-----|-----|-----|-----|-----|
| 50 | 142 | 140 | 321 | 42 | 33 | 103 | 601 |

| 471 | 765 |
|-----|-----|
| 404 | 233 |

Step 24:

| | | 12 | 12 | 12 | 11 | 11 | 11 |
|---|---|----|----|----|----|----|----|
| | | 19 | 19 | 19 | 19 | 19 | 19 |

| 19 | 18 | 37 | 26 | 18 | 27 | 26 | 29 |
|----|----|----|----|----|----|----|----|
| 21 | 32 | 23 | 54 | 23 | 35 | 47 | 65 |

| 37 | 38 | 49 | 19 | 85 | 66 | 96 | 82 |
|----|----|----|----|----|----|----|----|
| 28 | 58 | 18 | 39 | 36 | 76 | 88 | 18 |

| 75 | 87 | 53 | 84 | 63 | 99 | 57 |
|----|----|----|----|----|----|----|
| 26 | 74 | 69 | 99 | 67 | 99 | 88 |

From pages 233 and 234.

Use these examples to demonstrate the place-value concept.

| 5 | | 3 | | 1 | 5 | | | 9 |
|---|---|---|---|---|---|---|---|---|
| 20 | 6 | 30 | 90 | 20 | 80 | 9 | 20 | 90 |
| 100 | 200 | 300 | 400 | 500 | 600 | 700 | 800 | 900 |

Step 23:

| 13 | 21 | 74 | 52 | 60 | 25 | 44 | 53 | 40 | 27 |
|----|----|----|----|----|----|----|----|----|----|
| 12 | 18 | 23 | 25 | 28 | 24 | 11 | 26 | 22 | 61 |

| 49 | 120 | 302 | 625 | 550 | 921 | 256 | 137 |
|----|-----|-----|-----|-----|-----|-----|-----|
| 50 | 142 | 140 | 321 | 42 | 33 | 103 | 601 |

| 471 | 765 |
|-----|-----|
| 404 | 233 |

Step 24:

| 12 | 12 | 12 | 11 | 11 | 11 |
|----|----|----|----|----|----|
| 19 | 19 | 19 | 19 | 19 | 19 |

| 19 | 18 | 37 | 26 | 18 | 27 | 26 | 29 |
|----|----|----|----|----|----|----|----|
| 21 | 32 | 23 | 54 | 23 | 35 | 47 | 65 |

| 37 | 38 | 49 | 19 | 85 | 66 | 96 | 82 |
|----|----|----|----|----|----|----|----|
| 28 | 58 | 18 | 39 | 36 | 76 | 88 | 18 |

| 75 | 87 | 53 | 84 | 63 | 99 | 57 |
|----|----|----|----|----|----|----|
| 26 | 74 | 69 | 99 | 67 | 99 | 88 |

From pages 233 and 234.

Use these examples to demonstrate the place-value concept.

|  5 |  |  3 |  |  1 |  5 |  |  |  9 |
|---|---|---|---|---|---|---|---|---|
| 20 | 6 | 30 | 90 | 20 | 80 | 9 | 20 | 90 |
| 100 | 200 | 300 | 400 | 500 | 600 | 700 | 800 | 900 |

<u>Step 23:</u>

| 13 | 21 | 74 | 52 | 60 | 25 | 44 | 53 | 40 |  | 27 |
|---|---|---|---|---|---|---|---|---|---|---|
| 12 | 18 | 23 | 25 | 28 | 24 | 11 | 26 | 22 |  | 61 |

| 49 | 120 | 302 | 625 | 550 | 921 | 256 | 137 |
|---|---|---|---|---|---|---|---|
| 50 | 142 | 140 | 321 | 42 | 33 | 103 | 601 |

| 471 | 765 |
|---|---|
| 404 | 233 |

<u>Step 24:</u>

| 12 | 12 | 12 | 11 | 11 | 11 |
|---|---|---|---|---|---|
| 19 | 19 | 19 | 19 | 19 | 19 |

| 19 | 18 | 37 | 26 | 18 | 27 | 26 | 29 |
|---|---|---|---|---|---|---|---|
| 21 | 32 | 23 | 54 | 23 | 35 | 47 | 65 |

| 37 | 38 | 49 | 19 | 85 | 66 | 96 | 82 |
|---|---|---|---|---|---|---|---|
| 28 | 58 | 18 | 39 | 36 | 76 | 88 | 18 |

| 75 | 87 | 53 | 84 | 63 | 99 | 57 |
|---|---|---|---|---|---|---|
| 26 | 74 | 69 | 99 | 67 | 99 | 88 |

Exercises from pages 234, 235 and 236.

Step 25:

| 123 | 202 | 333 | 420 | 511 | 433 | 683 | 770 |
|---|---|---|---|---|---|---|---|
| +405 | +141 | +333 | +419 | +238 | +542 | +205 | +217 |

| 856 | 284 |
|---|---|
| +143 | +603 |

Step 26:

| 119 | 119 | 119 | 119 | 119 | 119 | 119 | 119 |
|---|---|---|---|---|---|---|---|
| +24 | +24 | +24 | +24 | +124 | +124 | +124 | +124 |

| 238 | 427 | 209 | 109 | 336 | 288 | 175 | 637 |
|---|---|---|---|---|---|---|---|
| +142 | +534 | +609 | +208 | +424 | +607 | +315 | +236 |

| 288 | 347 |
|---|---|
| +209 | +235 |

Step 27:

| 191 | 191 | 191 | 191 | 170 | 170 | 170 | 170 |
|---|---|---|---|---|---|---|---|
| +191 | +191 | +191 | +191 | +170 | +170 | +170 | +170 |

| 284 | 373 | 365 | 457 | 571 | 563 | 222 | 775 |
|---|---|---|---|---|---|---|---|
| +194 | +184 | +362 | +352 | +336 | +282 | +192 | +164 |

| 286 | 620 |
|---|---|
| +182 | +294 |

Exercises from pages 234, 235 and 236.

<u>Step 25:</u>

```
  123     202     333     420     511     433     683     770
+405    +141    +333    +419    +238    +542    +205    +217
```

```
  856     284
+143    +603
```

<u>Step 26:</u>

```
119     119     119     119     119     119     119     119
+24     +24     +24     +24    +124    +124    +124    +124
```

```
  238     427     209     109     336     288     175     637
+142    +534    +609    +208    +424    +607    +315    +236
```

```
  288     347
+209    +235
```

<u>Step 27:</u>

```
  191     191     191     191     170     170     170     170
+191    +191    +191    +191    +170    +170    +170    +170
```

```
  284     373     365     457     571     563     222     775
+194    +184    +362    +352    +336    +282    +192    +164
```

```
  286     620
+182    +294
```

Exercises from pages 234, 235 and 236.

Step 25:

```
 123     202     333     420     511     433     683     770
+405    +141    +333    +419    +238    +542    +205    +217


 856     284
+143    +603
```

Step 26:

```
 119     119     119     119     119     119     119     119
 +24     +24     +24     +24    +124    +124    +124    +124


 238     427     209     109     336     288     175     637
+142    +534    +609    +208    +424    +607    +315    +236


 288     347
+209    +235
```

Step 27:

```
 191     191     191     191     170     170     170     170
+191    +191    +191    +191    +170    +170    +170    +170


 284     373     365     457     571     563     222     775
+194    +184    +362    +352    +336    +282    +192    +164


 286     620
+182    +294
```

Exercises from pages 234, 235, and 236 continued.

<u>Step 28:</u>

```
 199     199     199     199     185     185     185     185
+123    +123    +123    +123    +115    +115    +115    +115
```

```
 166     167     158     383     298     256     375     296
+266    +177    +468    +417    +289    +465    +457    +147
```

```
 488
+152
```

<u>Step 29:</u>

```
                 899     899     899     899
                +101    +101    +101    +101
```

```
 956     874     548     832     639     751     388     473
+655    +357    +453    +878    +363    +659    +756    +847
```

```
 927     654
+996    +889
```

Exercises from pages 234, 235, and 236 continued.

## Step 28:

| 199 | 199 | 199 | 199 | 185 | 185 | 185 | 185 |
|-----|-----|-----|-----|-----|-----|-----|-----|
| +123 | +123 | +123 | +123 | +115 | +115 | +115 | +115 |


| 166 | 167 | 158 | 383 | 298 | 256 | 375 | 296 |
|-----|-----|-----|-----|-----|-----|-----|-----|
| +266 | +177 | +468 | +417 | +289 | +465 | +457 | +147 |


| 488 |
|-----|
| +152 |


## Step 29:

| 899 | 899 | 899 | 899 |
|-----|-----|-----|-----|
| +101 | +101 | +101 | +101 |


| 956 | 874 | 548 | 832 | 639 | 751 | 388 | 473 |
|-----|-----|-----|-----|-----|-----|-----|-----|
| +655 | +357 | +453 | +878 | +363 | +659 | +756 | +847 |


| 927 | 654 |
|-----|-----|
| +996 | +889 |

Exercises from pages 234, 235, and 236 continued.

<u>Step 28:</u>

| 199 | 199 | 199 | 199 | 185 | 185 | 185 | 185 |
|-----|-----|-----|-----|-----|-----|-----|-----|
| +123 | +123 | +123 | +123 | +115 | +115 | +115 | +115 |

| 166 | 167 | 158 | 383 | 298 | 256 | 375 | 296 |
|-----|-----|-----|-----|-----|-----|-----|-----|
| +266 | +177 | +468 | +417 | +289 | +465 | +457 | +147 |

| 488 |
|-----|
| +152 |

<u>Step 29:</u>

| | 899 | 899 | 899 | 899 |
|---|-----|-----|-----|-----|
| | +101 | +101 | +101 | +101 |

| 956 | 874 | 548 | 832 | 639 | 751 | 388 | 473 |
|-----|-----|-----|-----|-----|-----|-----|-----|
| +655 | +357 | +453 | +878 | +363 | +659 | +756 | +847 |

| 927 | 654 |
|-----|-----|
| +996 | +889 |

These exercises are from pages 237 through 242.

SUBTRACTION = –
28 MINUEND (THE SUM SUBTRACTED FROM )
-13 SUBTRACTOR (THE AMOUNT SUBTRACTED )
15 REMAINDER ( WHAT'S LEFT )

```
53    64    79    85    78    99    86    47    57    69    71
-21   -43   -45   -32   -50   -75   -61   -35   -43   -21   -40
```

STEP 33:
```
92    64    60    75    88    96    73    52    80    66    77
-34   -27   -35   -59   -59   -48   -46   -18   -67   -37   -38
```

STEP 34:
```
194    262    460    375    688    496    873
- 67   - 56   - 49   - 38   - 69   - 38   - 47
```

```
152    380    266    477
- 35   - 42   - 59   - 68
```

STEP 35:
```
684    795    982    588    827    757
-362   -674   -871   -425   -605   -423
```

```
926    498    629
-604   -320   -413
```

Step 37
```
523    604    830    946    712    657    750
-298   -387   -266   -377   -475   -289   -253
```

```
822    905    574    631
-366   -306   -196   -258
```

These exercises are from pages 237 through 242.

```
SUBTRACTION = -
 28 MINUEND (THE SUM SUBTRACTED FROM)
-13 SUBTRACTOR (THE AMOUNT SUBTRACTED)
 15 REMAINDER (WHAT'S LEFT)
```

| 53 | 64 | 79 | 85 | 78 | 99 | 86 | 47 | 57 | 69 | 71 |
|---|---|---|---|---|---|---|---|---|---|---|
| -21 | -43 | -45 | -32 | -50 | -75 | -61 | -35 | -43 | -21 | -40 |

STEP 33:

| 92 | 64 | 60 | 75 | 88 | 96 | 73 | 52 | 80 | 66 | 77 |
|---|---|---|---|---|---|---|---|---|---|---|
| -34 | -27 | -35 | -59 | -59 | -48 | -46 | -18 | -67 | -37 | -38 |

STEP 34:

| 194 | 262 | 460 | 375 | 688 | 496 | 873 |
|---|---|---|---|---|---|---|
| - 67 | - 56 | - 49 | - 38 | - 69 | - 38 | - 47 |

| 152 | 380 | 266 | 477 |
|---|---|---|---|
| - 35 | - 42 | - 59 | - 68 |

STEP 35:

| 684 | 795 | 982 | 588 | 827 | 757 |
|---|---|---|---|---|---|
| -362 | -674 | -871 | -425 | -605 | -423 |

| 926 | 498 | 629 |
|---|---|---|
| -604 | -320 | -413 |

Step 37

| 523 | 604 | 830 | 946 | 712 | 657 | 750 |
|---|---|---|---|---|---|---|
| -298 | -387 | -266 | -377 | -475 | -289 | -253 |

| 822 | 905 | 574 | 631 |
|---|---|---|---|
| -366 | -306 | -196 | -258 |

These exercises are from pages 237 through 242.

SUBTRACTION = −
28 MINUEND (THE SUM SUBTRACTED FROM )
−13 SUBTRACTOR (THE AMOUNT SUBTRACTED )
15 REMAINDER ( WHAT'S LEFT )

| 53 | 64 | 79 | 85 | 78 | 99 | 86 | 47 | 57 | 69 | 71 |
|----|----|----|----|----|----|----|----|----|----|----|
| -21 | -43 | -45 | -32 | -50 | -75 | -61 | -35 | -43 | -21 | -40 |

STEP 33:

| 92 | 64 | 60 | 75 | 88 | 96 | 73 | 52 | 80 | 66 | 77 |
|----|----|----|----|----|----|----|----|----|----|----|
| -34 | -27 | -35 | -59 | -59 | -48 | -46 | -18 | -67 | -37 | -38 |

STEP 34:

| 194 | 262 | 460 | 375 | 688 | 496 | 873 |
|-----|-----|-----|-----|-----|-----|-----|
| - 67 | - 56 | - 49 | - 38 | - 69 | - 38 | - 47 |

| 152 | 380 | 266 | 477 |
|-----|-----|-----|-----|
| - 35 | - 42 | - 59 | - 68 |

STEP 35:

| 684 | 795 | 982 | 588 | 827 | 757 |
|-----|-----|-----|-----|-----|-----|
| -362 | -674 | -871 | -425 | -605 | -423 |

| 926 | 498 | 629 |
|-----|-----|-----|
| -604 | -320 | -413 |

Step 37

| 523 | 604 | 830 | 946 | 712 | 657 | 750 |
|-----|-----|-----|-----|-----|-----|-----|
| -298 | -387 | -266 | -377 | -475 | -289 | -253 |

| 822 | 905 | 574 | 631 |
|-----|-----|-----|-----|
| -366 | -306 | -196 | -258 |

# ANSWERS

ANSWERS TO MIXED ADDITION TABLES:

ROW 1:  5, 7, 9, 11, 13, 15, 17, 11

ROW 2:  6, 11, 13, 15, 17, 12, 11, 10

ROW 3:  7, 9, 16, 13, 15, 8, 6, 9

ROW 4:  10, 12, 12, 16, 9, 7, 13, 11

ROW 5:  14, 14, 14, 12, 8, 10, 13, 12

ROW 6:  16, 13, 10, 9, 8, 8, 11, 14

ROW 7:  11, 7, 4, 14, 12, 10, 8, 11

ROW 8:  6, 5, 12, 10, 9, 15, 10, 18

ANSWERS TO MIXED SUBTRACTION [2 MIN. 9 SEC.]

ROW 1:  2, 3, O, 3, 6, 2, 1, 0, 0

ROW 2:  0, 1, 1, 1, 2, 1, 6, 1, 4

ROW 3:  1, 2, 2, 5, 1, 2, 0, 6

ROW 4:  2, 3, 3, 3, 0, 4, 8, 4

ROW 5:  4, 3, 5, 7, 7, 3, 4, 5, 5

ANSWERS TO SUBTRACTION TEST [2 MIN. 30 SEC.]
ROW 1:  9, 6, 6, 5, 4, 3, 2, 1

ROW 2:  2, 3, 1, 5, 6, 4, 5, 8

ROW 3:  3, 3, 5, 0, 5, 2, 2, 1

ROW 4:  7, 2, 7, 2, 1, 4, 0, 4

ROW 5:  1, 1, 6, 3, 0, 2, 0, 4

ROW 6:  3, 8, 2, 1, 0, 0, 7, 0

ROW 7:  3, 4

# ANSWERS FOR PAGES 229 THROUGH 242

Page 229 and 230
Row 1: 10, 19, 16, 13, 12, 16, 17, 18, 17
Row 2: 16, 19, 15, 13, 18, 18, 18, 17, 14
Row 3: 13, 15, 14, 18, 15, 18, 19, 18, 16
Row 4: 23, 23, 21, 21, 21, 23, 24, 25, 21
Row 5: 21, 22, 20, 25, 26, 23, 24, 20, 29
Row 6: 23, 27, 25, 21, 22, 20, 20, 27, 22

Page 231
Row 1: 25, 28, 25, 27, 29, 20, 27, 26, 26
Row 2: 24, 25, 25, 27, 27, 27, 28, 28, 26
Row 3: 25, 28, 28, 23, 28, 25, 28, 27, 28

Pages 233 & 234
Row 1: 125, 206, 333, 490, 521, 685, 709, 820, 999
Row 2: 25, 39, 97, 77, 88, 49, 55, 79, 62, 88
Row 3: 99, 262, 442, 946, 592, 954, 359, 738      Row 4: 875, 998
Row 5: 31, 31, 31, 30, 30, 30
Row 6: 40, 50, 60, 80, 41, 62, 73, 94
Row 7: 65, 96, 67, 58, 121, 142, 184, 100
Row 8: 101, 161, 122, 183, 130, 198, 145

Page 234, 235 and 236
Step 25
Row 1: 528, 343, 666, 839, 749, 975, 888, 987      Row 2: 999, 887
Step 26
Row 1: All 143
Row 2: 380, 961, 818, 317, 760, 895, 490, 873      Row 3: 497, 582
Step 27
Row 1: 1st 4 are 382, Next 4 are 340
Row 2: 478, 457, 727, 809, 907, 845, 414, 939      Row 3: 468, 914
Step 28
Row 1: 1st 4 are 322, Next 4 are 300
Row 2: 432, 344, 626, 800, 587, 721, 832, 443
Row 3: 640
Step 29
Row 1: 1000 All
Row 2: 1611, 1231, 1001, 1710, 1002, 1410, 1144, 1320
Row 3: 1923, 1543

Pages 237 to 242
Row 1: 32, 21, 34, 53, 28, 24, 25, 12, 14, 48, 31
Row 2: 58, 37, 25, 16, 29, 48, 27, 34, 13, 29, 39
Row 3: 127, 206, 411, 337, 619, 458, 826
Row 4: 117, 338, 207, 409            Row 5: 322, 121, 111, 163, 222, 334
Row 6: 322, 178, 216
Row 7: 225, 217, 564, 569, 237, 368, 497
Row 8: 456, 599, 378, 373

www.ingramcontent.com/pod-product-compliance
Lightning Source LLC
LaVergne TN
LVHW081319060426
835509LV00015B/1587
*9780941995399*